W0369840

1891

e
s

Dresden in den dreißiger Jahren, kultureller Mittelpunkt Sachsens und eine der schönsten Städte Deutschlands, ist der Schauplatz der heiteren Erlebnisse von Lise Gast und ihrer Freundin und Studienkollegin BB.

Geprägt durch die Persönlichkeit und Originalität BBs, die mit ihrem Charme Männerherzen reihenweise ins Wanken brachte, spiegeln diese Geschichten die Zeit wider, in der junge Leute trotz ständiger Geldknappheit das Leben in vollen Zügen genossen.

Ob während der Dienstzeit oder zu Hause, ob im Theater, auf der Elbe oder auf dem Sportfeld, ob auf dem Rücken der Pferde oder im Fahrradsattel, immer gelang es ihnen, den höchst irdischen Himmelsbräuten, dem Alltag ein Schnippchen zu schlagen und ihm die beste Seite abzugewinnen.

So wurde das Buch ein erfrischendes Zeugnis herzhaften Humors und positiver Lebenseinstellung.

LISE GAST

Die Himmelsbräute

ERINNERUNGEN

AN EINEN SOMMER IN DRESDEN

EUGEN SALZER VERLAG HEILBRONN

SALZERS VOLKSBÜCHER 220/221

© Eugen Salzer Verlag, Heilbronn 1980
Alle Rechte vorbehalten
Einband: Karlheinz Groß BDG
Satz und Druck: Offizin Chr. Scheufele, Stuttgart
Printed in Germany. ISBN 3 7936 0559-0

BB und ich

Die Himmelsbräute – so nannte uns, BB und mich, unser gemeinsamer Freund Bobbi, obwohl wir ausgesprochen irdisch waren, das heißt, den Köstlichkeiten der Erde, die sich uns boten, von Herzen zugewandt. Welchem Umstand wir diesen Namen verdankten, werde ich gleich erläutern. Zuvor aber muß ich das Geheimnis um BB ein wenig lüften. BB hat nichts mit Brigitte Bardot zu tun, obwohl sie sich in der Zahl ihrer Verehrer durchaus mit jener hätte messen können. Der Spitzname meiner Freundin leitet sich ab von ›Blutsbruder‹. Wer nun glaubt, wir hätten früher miteinander Indianer gespielt und dabei Blutsbrüderschaft getrunken, der irrt. Der Name entsprang einfach einer Eingebung des Augenblicks, wie es für BB typisch war. Wir lernten einander erst kennen, als wir ›schon zwanzig‹ waren, in BBs Augen also auf dem besten Weg, alte Jungfern zu werden. Das durfte auf keinen Fall geschehen. Geheiratet mußte werden, das stand für sie fest, und Kinder wollten wir beide haben, einen ganzen Stall voll. Also her mit einem Mann.
Sie hatte die Auswahl (ich nicht) und entschied sich

für eine alte, eigentlich abgelegte Liebe, einen jungen Landwirt, der gut verdiente und dessen Namen wie den ihrigen die drei kleinen Buchstaben ›von‹ veredelten. Das war sehr wichtig, auch wenn er ›einen Zacken weniger in der Krone hatte als sie‹, wie sie mir augenzwinkernd erklärte. Leider mußte er im Auftrag einer großen Firma für längere Zeit nach China, so daß sie mit Recht von ihrer ›traurigen Brautzeit‹ sprach. Sie war entschlossen, diese Zeit so sinnvoll wie möglich zu nützen, indem sie sich von ihren zahlreichen Verehrern nach und nach verabschiedete.

Ich selbst hatte mich mangels Angebot für einen Freund meines Bruders entschieden, eine Wahl, die ich heute noch nicht begreife. Immerhin, wir waren beide verlobt – so richtig mit Ring und Verlobungsanzeige – und trugen wenigstens in dieser Hinsicht den Namen ›Bräute‹ zu Recht. Freilich, ganz ohne ›Vergangenheit‹ war auch ich nicht. Es gibt ein altes Sprichwort: Am Anfang war der Vetter. Das trifft für viele weibliche Lebensläufe zu. Der Vetter ist fast ein Bruder, also vertraut, und doch etwas anderes, ein Mann von außerhalb. In ihn verliebt man sich probeweise, von ihm bekommt man den ersten Kuß. Mein Vetter meinte es ernst mit mir, aber da er eben ›nur‹ mein Vetter war, glaubte ich, so ganz der Richtige könne er nicht sein und rechnete ihn daher nur halb. Wie viele Um- und Irrwege geht man doch als junger Mensch! Manchmal müssen diese Wege knapp am Tod vorbeiführen. Bei uns jedenfalls taten sie es...

Als ich BB kennenlernte, absolvierten wir gerade unsere Probejahre an den Schulen der Landwirtschaftskammer und wären – hätte es nicht anders in den Sternen gestanden – Landwirtschaftslehrerinnen geworden. Es fehlten uns nur noch das letzte Halbjahr und die Abschlußprüfung. Wir hatten es so eingerichtet, daß wir das Kammerhalbjahr gemeinsam verbringen konnten, und zogen in Dresden in der Räcknitzstraße bei Mimi Schubart, einer ehemaligen Studienrätin, in ein billiges Zimmer im vierten Stock, ins ›Dachjuchee‹, nahe dem Himmel, daher also die ›Himmelsbräute‹.

BB hatte zu ihrer Verlobung einen Blumentopf mit Myrthe geschenkt bekommen. Dieser zog mit ein und siechte auf dem Fensterbrett dahin, da wir immer vergaßen, ihn zu gießen. Einmal flog er, trokken wie er war, durch den Gegenzug ins Zimmer, Bobbi, der uns besuchte, ins Kreuz.

Wenn ich Bobbi unseren gemeinsamen Freund nenne, so bitte ich, das nicht mißzuverstehen. Er war uns beiden ein treuer Helfer in allen Notlagen. Trotzdem wären wir niemals auf den Gedanken gekommen, ihn zu heiraten. Er war für uns kein Mann im üblichen Sinne, obwohl er später eine sehr nette

Frau ehelichte und mit ihr fünf Kinder großzog. Er machte zwar jeder von uns einen Heiratsantrag, aber wir sagten beide: »Bobbi, als guter Freund ja, aber weiter nichts.«

Bei ihm weinte man, wenn man Liebeskummer hatte, man ›fehnste‹, wie es in Sachsen heißt, er lud einen dann in eine ›Kondietsche‹ ein oder in einen Film mit Lilian Harvey und Willy Fritsch, und kam man getröstet wieder heraus, so lief man zum nächsten Rendezvous. Nie hat er uns das krumm genommen.

»Guter Bobbi, jetzt fährst du mich da und dort hin« – er besaß ein Motorrad –, schmeichelte BB, und er tat es. Er tat alles, was sie wollte. Nicht nur er. Kein Mann war fähig, ihr einen Wunsch abzuschlagen.

Wir Himmelsbräute wohnten also zusammen in unserer Räcknitzhöhle und waren fest entschlossen, dieses Halbjahr so munter wie möglich zu verbringen. Viel Geld besaßen wir nicht. Die Hälfte unseres Gehalts, das weniger als hundert Mark ausmachte, ging schon für das Zimmer drauf; mit der anderen Hälfte mußten wir uns ernähren, Besuche bewirten – wir bekamen täglich Besuch, denn wir wohnten nur fünf Minuten von der Kammer entfernt –, Dienstausflüge finanzieren, Haare schneiden lassen und die Segnungen der Großstadt, der Kultur genießen.

BB kannte Dresden, ich noch nicht. Dresden war

damals in den dreißiger Jahren eine wunderbare Stadt. Immer, wenn ich an sie denke, sehe ich sie golden überhaucht, als blickte ich durch altgoldenen Bernstein. Und dann die Elbe! Am Abend schimmerte sie manchmal tintenblau – traumhaft, unvergeßlich. Jede Stadt am Strom ist schön, Dresden übertrifft in meiner Erinnerung alle.

BB führte mich, die ich erlebnishungrig und aufnahmebereit war, auf eine ebenso wirksame wie billige Art in Dresdens Schönheit ein. Wir besaßen zusammen ein Fahrrad, zwar nicht neuesten Datums, aber es fuhr. Damit hielten wir es folgendermaßen: Eine durfte aufsitzen und strampeln, die andere lief nebenher. Auf diese Weise durchquerten wir die Stadt. Ich lernte den Altmarkt kennen, die Kreuzkirche, den Großen Garten, wir kamen an die Elbe, bestaunten die Brühlsche Terrasse und den Zwinger, bewunderten die Brücken, immer abwechselnd im Sattel oder auf Schusters Rappen. Es war anstrengend, aber herrlich. Außerdem hofften wir, durch diese ›Kulturläufe‹ schlanker zu werden, große Sehnsucht aller Stämmigen. Stämmig waren wir beide und sind es noch heute.

Leider gingen acht Stunden des Tages für den Dienst an der Kammer drauf, für uns verlorene Stunden, beabsichtigten wir doch, zu heiraten und nicht als landwirtschaftliche Lehrerinnen zu versauern. Dennoch mußten wir die kostbare Zeit absitzen, zudem hungrig, so daß sie sich qualvoll in die Länge zog. Einmal hielten wir es nicht mehr aus und stellten die Uhr in unserem Zimmer zwanzig Minuten vor, nachdem der zuständige Beamte, der mit uns den Raum teilte, hinausgegangen war. Als er wieder hereinkam, bemerkte er, daß es schon Zeit war, zu gehen. »Das hab ich ja ganz übersehen«, sagte er erstaunt und packte eilig seine Mappe. Kaum war er fort, stellten wir die Uhr wieder richtig und entflohen, froh, der Zeit ein Schnippchen geschlagen zu haben.

Das aber konnten wir nicht jeden Tag machen. Wir ersannen also immer neue Schliche, diese acht Stunden nicht ungenutzt verstreichen zu lassen. Einmal schnitt BB mir die Haare. Sie war sehr glücklich, daß ich es erlaubte – mangels Geld konnte ich nicht zum Friseur gehen – und rupfte und schnippelte eifrig drauf los, immer in Sorge, ich könnte »genug!« schreien.

»Ich schneid dir einen Kugelkopf«, verkündete sie, und ich ahnte Schreckliches, was sich auch bestätigte, als ich nach vollendetem Werk in den Spiegel sah. Nichts half mehr, nicht einmal der Friseur, den ich nun doch hilfeheischend aufsuchte. Denn so, das fanden wir beide, konnte ich mich vor der Welt nicht mehr sehen lassen.

»Was ab ist, ist ab, ich habe ja keine ›*Dranschere*‹«, seufzte der Figaro, und so war ich eine Zeitlang nur

›behütet‹ möglich. Da ich mir keinen Hut leisten konnte, mußte eine Baskenmütze verhüllen, was nicht mehr vorhanden war, und das trug mir meinen Spitznamen ›Mütze‹ ein, der mir heute noch anhängt.

Von Zeit zu Zeit wurde der Dienst in der Kammer von Arbeitsgemeinschaften unterbrochen, zu denen auch wir befohlen wurden. Bei diesen Gelegenheiten sahen wir unsere früheren Mitseminaristinnen wieder und beobachteten betreten, wie eifrig sie sich um ihre Fortbildung mühten. Sie wollten also wirklich Lehrerinnen werden.

»Eher nehme ich einen Strick und erschieße mich«, sagte BB, als wir uns in einer Gruppe besonders Lernwilliger auf einer Fahrt nach Pillnitz befanden, um dort eine vorbildliche Schweinezucht zu besichtigen. Einer unserer Vorgesetzten, ein Landwirtschaftsrat, hörte diese respektlose Äußerung und bedachte sie mit einem vernichtenden Blick. Dagegen bewies der zweite Rat, der unsere Gruppe führte, von kleiner Statur und beträchtlichem Umfang, mehr Humor.

»Das deutsche Edelschwein muß sein wie ich«, pflegte er bei Vorträgen immer zu sagen, »tiiief in der Brust.«

Bei einem anderen dieser dienstlichen Ausflüge ritt BB wieder einmal der Teufel. Wir, neun ›Pröbchen‹

und ein junger Landwirtschaftsreferendar mit Doktortitel, saßen zusammen im Abteil, als der Zug durch einen Tunnel fuhr. Im Stockdunkeln hörten wir alle BB verschämt und unterdrückt, aber sehr deutlich stöhnen: »Aber Herr Doktor, aber nicht doch!«

Als der Zug wieder ins Helle fuhr, ordnete sie unmißverständlich ihr Haar, während sie die Augen keusch niedergeschlagen hatte. Der junge Doktor, der neben ihr saß, war blaß vor Wut. Er hatte bestimmt keine Hand gerührt, sah sich aber jetzt vor seinen Vorgesetzten blamiert. Ich konnte mir das Lachen nur mit Mühe verkneifen.

Bei diesen Arbeitsgemeinschaften hatten wir mitunter Referate zu halten, die wir während der Dienststunden ausarbeiten durften. Das war eine Chance, die acht Stunden auch für den privaten Bereich nutzbringend anzuwenden. Damals in Dresden fing ich an zu schreiben, weil ich mir die Bücher, die mich interessierten und die verlockend in den Buchhandlungen der Prager Straße auslagen, nicht kaufen konnte. Ich verfuhr also wie das ›Schulmeisterlein Wutz‹ bei Jean Paul, das sich die Bücher, die es ersehnte, auch selbst schrieb. Eine Schreibmaschine aus fünfter Hand hatte ich mir erstottert. Es war eine ausländische, und sie besaß keine Umlaute. Ich mußte also über A, O und U beim Durchlesen immer Pünktchen malen, was das

Schriftbild nicht gerade verschönte. Trotzdem wurde meine erste, in Dresden entstandene Novelle später von Velhagen und Klasing angenommen und gedruckt. Mein Honorar betrug zweihundertfünfzig Mark, damals eine geradezu gigantische Summe, die mich ermutigte, weiterzuschreiben.
Aber noch war es nicht so weit, meine Novelle erst im Entstehen, doch ich konnte die Schreibmaschine mit in den Dienst nehmen und dort durch ihr Klappern eine Vorbereitung für die Arbeitsgemeinschaft vortäuschen. BB tat, als diktiere sie mir, und auf diese Weise erwarben wir uns den Ruf, sehr fleißig zu sein. Kam ich mit meiner Dichtung nicht weiter, las BB mir murmelnd aus einem uns interessierenden Buch vor, das wir uns geliehen hatten, und ich rappelte dabei mit der Unterbrecher-Taste, damit es nach eifrigem Schreiben klang. In der Maschine steckte vorsichtshalber der Anfang eines Vortrags mit großartiger Überschrift, zum Beispiel: »Über die Notwendigkeit der Zusammenarbeit zwischen Schule und Elternhaus« oder »Wissenswertes über die Rechte der Frau in der Landwirtschaft«, so daß interessierte Vorgesetzte ruhig einen Blick auf das Blatt werfen konnten. Wenn derart unerwünschte Personen zufällig den Raum betraten, nahm BBs Gesicht einen ernsten und ehrbaren Ausdruck an, mit dem Bauch aber schob sie die Schublade zu, in der das Buch lag, aus dem sie vorgelesen hatte,

beispielsweise Tucholskys damals erschienenes »Schloß Gripsholm«. BB hatte es aus einer Buchhandlung geliehen, deren Sortimenter ihr allzu tief in die himmelblauen Augen geblickt hatte. Auch die verschiedenen Chefs, unter denen wir ›arbeiteten‹, konnten ihr nur schwer widerstehen. Ich habe so gut wie keinen Mann zwischen siebzehn und siebzig Jahren erlebt, der mit ihr länger als eine Viertelstunde allein im Zimmer war und keine heisere Liebeserklärung röchelte. Ihre Wirkung auf das männliche Geschlecht war sagenhaft und ließ auch im höheren Alter nicht nach.
Nun aber ist es an der Zeit, diesen einführenden Bericht zu beenden und an die Handlung zu gehen, in die ›action‹ zu springen, wie man heute sagt. Wer wir waren, BB und ich, hat man sicher begriffen oder doch einen Hauch davon verspürt, wie es bei Chamisso heißt.

Dresden, Stadt des Theaters

»Heute kommt mich Conny besuchen, zum Abschiednehmen, weil ich doch nun Häse heirate (›Häse‹ war der Spitzname ihres Verlobten, der einen etwas ungewöhnlichen Vornamen trug). Da ist es besser, du bist nicht da«, sagte BB und wühlte in unserem gemeinsamen Schrank.

»Hast du denn gar keine saubere Bluse mehr? Conny sieht es gern, wenn ich elegant bin.«

Von elegant konnte natürlich keine Rede sein, dazu reichte das Geld bei weitem nicht. Da ich aber gern wusch, waren meine Sachen meist sauber. Das Bügeln machte mir dagegen weniger Plaisir, also drückte ich mich, so gut es ging, davor. Mißbilligend zog BB eine weiße Bluse ans Licht.

»Wenn du schon wäschst, könntest du auch...«

»Bügle doch selber«, brummte ich. Ich lag auf der Chaiselongue, die das zweite Bett ersetzte, und gab vor, zu lesen. In Wirklichkeit lauerte ich, was nun geschehen würde. BB kramte nach dem Bügeleisen und begann, die Bluse auf dem Mahagonitisch zu glätten.

»Leg was unter, du ruinierst die Politur«, mahnte ich.

Sie setzte eine hochmütige Miene auf. »Wer hat eine Eins in Hauswirtschaft bekommen, du oder ich? Wer versteht also mehr von Textilienbehandlung?«

»Schön, du. Aber etwas unterlegen würde ich trotzdem.«

Es läutete an der Tür. BB, auf dem Lande aufgewachsen, wo es keine Klingel gab, sondern jeder, der kam, gleich zur Tür hereintrat, öffnete leidenschaftlich gern. So wollte sie auch jetzt hinaus und ihre Bügelei im Stich lassen.

»Halt, halt! Du hast ja nichts an!« rief ich.

›Nichts‹ traf zwar nicht ganz zu, immerhin trug sie BH und Schlüpfer, aber weder sie noch unser Zimmer waren besuchsbereit. Ihr Gast sollte ja erst in einer Stunde eintreffen, bis dahin hätten wir längst alles herrlich aufgeräumt gehabt.
»Hier, zieh meinen Pulli über, und dort hängt dein Rock.«
Ich war aufgesprungen und versuchte wegzuräumen, was von Besucheraugen nicht erspäht zu werden brauchte. Auf dem Tisch häuften sich Bücher und Schallplatten, auf den Stühlen lagen Kleidungsstücke, die BB anprobiert und wieder verworfen hatte. Ich raffte zusammen, was ich fassen konnte, und warf es in den Schrank, machte die Tür zu und ergriff den vollen Aschenbecher.
»Nun geh schon und mach ihm auf!«
»Aber du verschwindest ins Theater«, vergewisserte sich BB noch.
»Meinetwegen. Wenn du es bezahlst.«
Sie hatte mir das versprochen, weil sie mit Conny allein sein wollte. Conny, Offizier der Reichswehr und Dresdner Reiter, interessierte mich. Alles, was mit Pferden zusammenhängt, übte von jeher eine Faszination ohnegleichen auf mich aus. So wollte ich Conny wenigstens gesehen haben. Sie drückte mir eine Mark in die Hand – »für die Galerie« – und rannte in den Flur. Ich stand da und horchte. Gemurmel. Dann kam sie zurück. Allein.

»Warum bringst du ihn nicht rein?« fragte ich verwundert. Sie kramte nach ihrem Geldbeutel.
»Es ist nicht Conny, sondern eine Frau, die reizende Korbarbeiten für die Blindenanstalt verhökert«, antwortete sie und war schon wieder draußen. Typisch BB! Kein Geld für das Nötigste, aber wenn es etwas Gemeinnütziges zu unterstützen galt, gab sie das letzte. So auch jetzt. Woher sie das Geld nahm, war mir zwar schleierhaft, aber sie spendete bereitwillig.
Als sie wieder hereinkam, hatte das Bügeleisen die Bluse – meine Bluse, das aber machte das Unglück nicht größer, bei uns gab es kein Mein und Dein – mit einem dunklen, nicht mehr zu entfernenden Brandfleck verziert. BB betrachtete sie mit strafendem Blick.
»Nun muß ich eine Weste drüberziehen. Gib mal deine rote her, die kann man vorn schließen, dann sieht man den Fleck nicht.«
»Und was soll ich ins Theater anziehen?« maulte ich und knöpfte die Weste auf. BB machte eine wegwerfende Bewegung.
»Der ganze Schrank ist voll. Nimm dir, was du brauchst, ich bin nicht deine Zofe. Conny wird gleich kommen, er ist sehr pünktlich.«
Es läutete im selben Augenblick. BB stürzte hinaus. Wieder Gemurmel, dann wurde die Zimmertür aufgerissen.

»Fräulein Schubart ist nicht da, kommen Sie doch so lange zu uns.«

BB komplimentierte eine Dame herein, die wir nicht kannten, Mittelalter, gut angezogen, freundlich.

»Bitte, hier!« BB rückte einladend den bequemsten Sessel heran.

Ich war aufgesprungen und begrüßte die Dame. Es war eine Freundin von Mimi, Juristin, wie sich im Gespräch herausstellte, mit hellen, gescheiten Augen. BB hatte ihr gleich mitgeteilt, daß wir Besuch erwarteten, daß sie aber gern, wirklich gern! bei uns bleiben könne, bis Fräulein Schubart käme.

Sie blieb. Wir erfuhren, daß sie vor einiger Zeit in China gewesen war, damals etwas sehr Ungewöhnliches, und als sie hörte, daß BBs Verlobter in Shanghai weilte, war bald ein interessantes Gespräch im Gang. Ich beteiligte mich mit »Ja« und »Nein« und »Ach wirklich?« und versuchte unauffällig, noch einigen Kram zu beseitigen. Dann kam Mimi, Fräulein Schubart, bedankte sich herzlich bei uns, daß wir ihre Bekannte so nett aufgenommen hatten, und führte sie zu sich hinüber. Beim nächsten Klingeln stand wahrhaftig Conny vor der Tür. Er war klein von Statur, hatte ein gut geschnittenes Gesicht und schien etwas schüchtern. Ich begutachtete ihn, dann mußte ich ›leider‹ fort. Ich machte BB ein Zeichen, mich an die Glastür zu bringen.

»Zum Kuckuck, du hast mir noch gar nicht erklärt, in welche Richtung ich gehen muß!« Ich kannte Dresden ja noch nicht genügend.
BB war ungeduldig. »Ins Schauspiel wolltest du doch.«
Ich war damals sehr interessiert an allen Theaterstücken, die von Jugendlichen und ihren Problemen handelten. »Reifeprüfung« und »Jugend« von Max Halbe hatte ich schon gesehen, heute wollte ich in »Reifende Jugend« gehen, für eine Mark Stehplatz.
»Wo ist denn der Kulturschuppen, Teufel nochmal!« zischte ich wütend, während sie mich schon ins Treppenhaus schob, »du mußt mir den Weg beschreiben.«
»Jedes Kind weiß es. Du hast doch einen Mund zum Fragen.« Damit schlug sie die Glastür zu und flog, so meinte ich zu sehen, ihrem Conny in die Arme. Wütend und neidisch – immer hatte sie die attraktiven Männer und ich keinen – trödelte ich die vier Treppen hinunter. Es blieb noch viel Zeit bis zum Beginn der Vorstellung, aber ich mußte das Feld räumen, hinausgeworfen wie ein überflüssiges Kind...
Ich fragte mich durch die Straßen der Stadt, kam zur Stätte der Kultur, löste eine Stehplatzkarte und begab mich auf die Höhen des allerhöchsten Ranges. Dort war schon eine Menge junges Volk versammelt. Die meisten hockten herum und lasen in

Reclamheftchen. Merkwürdig, daß es »Reifende Jugend« schon in Reclam gab. Nun, ich würde es hoffentlich auch ohne vorherige Lektüre begreifen.

Nach einer Stunde Wartezeit – auf der Galerie mußte man zeitig da sein, um sich einen Platz zu sichern – hörte ich das Orchester die Instrumente stimmen. Ich bin nicht übertrieben musikalisch, und außer an dem grandiosen Orgelspiel Günter Ramins und den Knabenstimmen des Thomanerchores in Leipzig war ich an Musik nur mäßig interessiert, kurz gesagt: ein Banause. Daß »Reifende Jugend« musikalisch untermalt würde, wunderte mich. Als der Saal sich verdunkelte, ging *mir* ein Licht auf: Ich war in die Oper geraten.

›Das kommt davon, daß BB mir nie die Straßen nennt‹, dachte ich erzürnt, versuchte aber, da die Mark nun einmal geopfert war, mich auf die Vorstellung zu konzentrieren. Sie gefiel mir absolut nicht. Ich überhörte die Musik, an der ich mich später nicht satthören konnte, und überlegte, ob ich in der Pause nicht nach Hause gehen sollte. Nur BBs Warnung: ›Komm bloß nicht so bald!‹ hielt mich zurück.

Als ich mich endlich in unsere Höhle wagte, war Conny gerade gegangen. BB empfing mich leicht zerzaust und recht melancholisch. »Nun seh ich ihn nie wieder«, jammerte sie.

Ich versuchte, ihr klarzumachen, daß man einen lieben Menschen ja auch während der Ehe mit einem andern wiedersehen könne.

»Ja, sehen vielleicht«, antwortete BB traurig.

Um sie aufzuheitern, erzählte ich ihr von meiner Verirrung.

»Das kommt davon, daß du nie die Ohren aufsperrst, wenn man dir was erklärt«, sagte sie ungerührt, »übrigens, weißt du, daß unsere letzte Glühbirne kaputt ist? Keine Ahnung, wieso.«

›Wahrscheinlich Kissenschlacht oder sowas Neckisches gemacht‹, dachte ich, sagte es aber vorsichtshalber nicht. Geld für solch eine Ausgabe hatten wir nicht. Was also tun?

»Ich weiß: Wir nehmen eine aus der Landwirtschaftskammer mit. Jetzt braucht man dort kein Licht, und im Winterhalbjahr sind wir nicht mehr da«, sagte BB.

Mir war nicht wohl bei diesem Vorschlag, aber Armut untergräbt bekanntlich die Moral. So machten wir uns am nächsten Tag ans Werk, das nicht ohne Risiko war. Der Beamte, der sonst das Zimmer mit uns teilte, befand sich zwar auf Dienstreise, aber es konnte ja jederzeit jemand hereinkommen. Die Räume der Landwirtschaftskammer waren sehr hoch, und um die Glühbirnen hingen Kugelschirme aus weißem Glas, die man erst abschrauben und herunternehmen mußte, ehe man an die ersehnte

Birne kam. Wir schoben den Schreibtisch unter die Lampe und stellten einen Stuhl darauf, hoffend, daß uns niemand bei diesem schändlichen Vorhaben ertappen würde. BB erkletterte die Pyramide, während ich an der Tür stand und sie vorsichtshalber zuhielt. Schlüssel gab es nicht. BB schraubte unter Ächzen und gemurmelten Flüchen die Kugellampe ab. Als sie diese gerade in den Händen hielt – ich beobachtete natürlich ihr frevlerisches Beginnen genau –, stach mich der Hafer. Ich klopfte von innen an die Tür, so daß sie meinen mußte, es komme jemand. Dieser entsetzliche Schreck, der sie da oben auf einsamer Höhe durchfuhr, hätte sie, wie sie hinterher immer wieder fauchend vor Wut wiederholte, das Leben kosten können. Mir aber liefen die Lachtränen über das Gesicht. Trotz aller Wut vollendete sie ihr Werk. Was blieb ihr auch anderes übrig, schließlich brauchten wir die Birne. Sie schraubte sie heraus, die Kugellampe wieder ein und kletterte herab, mich in allen Tonarten beschimpfend. Ich war von der ganzen Unternehmung mindestens ebenso erschöpft wie sie. Gemeinsam ließen wir uns an dem wieder zurechtgerückten Schreibtisch auf unsere Stühle sinken und beschlossen, so riskante Unternehmungen nicht mehr zu starten.

»Ich hätte die Birne ja auch in Wendisch-Bora mitnehmen können, dort sind die Räume nicht so hoch«, sagte BB in einer plötzlichen Erleuchtung. Wendisch-Bora war das Gut, auf dem Häses Eltern wohnten. Davon jedoch später.

»Du, Otto Gebühr ist in Dresden und gibt ein Gastspiel«, sagte BB eines Tages. Sie las mitunter Zeitungen.
»Otto Gebühr, der den Fridericus Rex spielt?« fragte ich aufhorchend. »Den müssen wir sehen. Wo spielt er denn?«
»In einem Lustspiel. ›Intimitäten‹ heißt es«, erklärte BB. »Zwei Ehepaare, ein junges und ein altes, mehr spielen nicht mit. Das junge Paar, das sich oft zankt und so weiter.«
Wir beschlossen, nächste Woche hinzugehen. Am Wochenende wollte ich zu meinen Eltern nach Leipzig fahren. Vielleicht fiel dort eine Mark Taschengeld für mich ab. Wir waren, wie eigentlich immer, sehr nahe an der totalen Pleite.
»Was hast du vor?« fragte ich, und überraschenderweise fiel BB kein Verehrer ein, den sie hätte besuchen können.
»Dann kommst du mit mir. Wenn du dabei bist, verweigern mir meine Eltern nichts«, sagte ich hoffnungsvoll.
Zu unserem Leidwesen besaßen wir kein Geld, die Fahrkarten zu bezahlen. Was tun?
»Wir machen Hitsching Hick«, sagte BB mit fun-

kelnden Augen. Per Anhalter zu fahren war damals in Deutschland noch nicht üblich, in Amerika ja. Dort nennt man es »hitch-hiking«, was BB sich aber nie merken konnte. Mich lockte das sehr. Also begaben wir uns am Samstag auf die Landstraße Richtung Döbeln und winkten. Siehe da, einer hielt, nahm uns mit und wollte uns sogar zum Essen einladen. Vorsichtshalber lehnten wir ab.

»Erstens nimmt man von fremden Männern nichts an, und zweitens werden wir ja hoffentlich bei deinen Eltern verköstigt«, sagte BB.

Also warteten wir vor dem Lokal und stiegen beim nächsten ein, der auf BBs Hüftschwung hin bremste. Später sind wir noch unzählige Male per Anhalter gefahren, aus Not oder aus Vergnügen, aber so aufregend wie das erste Mal war es nie wieder, denn der Wagen, den wir gechartert hatten, bekam eine Reifenpanne. Wir standen tatenlos herum, während der Fahrer schwitzend mit Wagenheber und Ersatzrad hantierte. Da kam aus gleicher Richtung ein Wagen und hielt an, um unserem Fahrer beim Reifenwechsel zu helfen. Als wir in ihm den Fahrer erkannten, den wir zuvor versetzt hatten, wurde uns beiden die Situation recht peinlich.

Dennoch erreichten wir Leipzig in bester Laune, sogar noch bei Tageslicht. Meine Eltern waren hocherfreut und sofort von BBs Charme bezaubert. Wir wurden bestens verpflegt und schieden, jede (jede!)

mit einer Mark für das Theater beschenkt, am hellen Sonntagnachmittag.
»Zu zweit passiert euch schon nichts«, sagte meine Mutter und überspielte tapfer ihre Gluckenhaftigkeit. Mein Vater ermahnte uns, recht höflich zu sein. Im letzten Augenblick fiel mir noch ein, daß ich ja ein Opernglas mitnehmen wollte. Unsere Familie besaß aus mir unbekannten Gründen eine ganze Schublade voller Operngläser, vom großen schwarzen bis zum winzigen aus Perlmutt, das ich besonders liebte.
»Darf ich mir eins holen? Ich bring's bestimmt wieder zurück«, sagte ich, als wir schon auf der Straße standen. »Wir wollen diese Woche ins Theater gehen.«
»In was für ein Stück denn?« fragte meine Mutter. Das war noch nicht zur Sprache gekommen. Nur, daß Otto Gebühr mitspielen würde, hatten wir erzählt.
»In Intimitäten«, erwiderte BB unbefangen. Meine Mutter erstarrte.
»Nein. Dafür bekommst du kein Glas«, sagte sie apodiktisch. Immerhin war ich damals schon zweiundzwanzig und Lehrerin. Aber so streng waren in meiner Jugendzeit die Bräuche.
Ich lieh mir dann von Fietje ein Glas. Fietje, ein Hamburger, arbeitete auch an der Kammer. Mit ihm und seiner Freundin Miebste – sie hieß Maier

und wir nannten sie statt ›liebste Maier‹ immer ›Miebste Laier‹ – erklommen wir im kleinen Theater den Olymp. Die vier Jacken hatten wir ineinander gesteckt, um nur einmal Garderobe bezahlen zu müssen, und den Schirm, den Miebste mitgenommen hatte, trug BB mit auf den ›Top‹ und spannte ihn auch noch auf, statt ihn zu verstecken. Unser prustendes Gelächter ging glücklicherweise im Anfangsapplaus für den geliebten Schauspieler unter, und das Opernglas wurde hin und her gereicht, denn jeder wollte alles ganz genau sehen. Immerhin ging es um ›Intimitäten‹.

Später trafen wir Otto Gebühr einmal auf der Prager Straße. Das heißt, ich erkannte ihn von weitem und sagte schnell zu BB:

»Wenn ich gleich ›Jetzt!‹ sage, gibst du mir einen Stoß nach links, hörst du?«

»Warum denn?«

»Frag nicht so dumm. Jetzt!«

BB tat mir den Gefallen, und ich taumelte gegen Otto Gebühr. Er fing mich auf, was für ihn einem Kraftakt gleichkam, war er doch klein und spillerig, ich das Gegenteil. Höflich entschuldigte ich mich, sah ihn, wie ich hoffte, hinreißend lächelnd und dankbar an und entfloh. Von nun an konnte ich sagen, Otto Gebühr habe mich in den Armen gehalten. Er sah damals schon aus wie der ›Alte Fritz‹, und mein preußisch erzogenes Herz schlug heftig.

Kurze Zeit später gaben die Comedian Harmonists im Künstlerhaus in Dresden ein Gastspiel. In Leipzig hatte ich sie oft gehört und liebte sie sehr.
»Da müssen wir unbedingt hin!« sagte ich zu BB.
Wir gingen.
»Hast du Geld eingesteckt?« fragte ich, als wir starteten.
»Natürlich. Ich geh doch nicht ohne Geld los.«
Nach einer Viertelstunde fragte ich nochmal: »Hast du dein Geld?«
»Klar, du Esel.«
Als wir an der Abendkasse standen, mußte sie gestehen, daß sie ihr Geld vergessen hatte. Ich konnte ihr nichts leihen. Was tun?
Vergebens spähten wir nach Bekannten aus, die uns hätten aushelfen können. Keiner kam. Schließlich gab BB ihren Führerschein als Pfand an der Kasse ab, flehend, uns eine Karte auf Pump zu geben. Und siehe da, die Dame hinter dem Schalter ließ sich erweichen. So konnten wir erleben, wie die Comedian Harmonists Dresden eroberten. Erst sangen sie etwas Lyrisches, da war der Beifall noch zurückhaltend. Aber dann legten sie mit »Veronika, der Lenz ist da!« los. Da widerstand auch Dresdens vornehme Gesellschaft nicht. Ein Beifall brach aus, daß fast der Stuck von der Decke fiel. Fünf Zugaben wurden erzwungen, der Beifall wollte nicht enden.

Glück auf der Elbe

»Heute gehn wir paddeln«, bestimmte BB.

Ich hatte mir zusammen mit Werner, meinem Verlobten, ein Klepperboot erspart. Wie, das ist mir heute noch schleierhaft. Dieses Boot war unser ganzer Stolz. Andere besaßen Motorräder, wir ein Boot. Für dieses Sommerhalbjahr hatte ich es mir von ihm erbettelt und es mit nach Dresden genommen. Damals mußte man sich als weiblicher Partner so etwas noch erbetteln, auch wenn man die Hälfte des Preises bezahlt hatte. Das Boot hatten wir im Bootshaus unter der Marienbrücke untergebracht. Die Sonne lachte über der Stadt, und wir radelten sofort nach Dienstschluß der Elbe zu.

Des herrlichen Wetters wegen herrschte dort ein toller Betrieb. Boote wurden zu Wasser gelassen, Segel gehißt, Außenbordmotoren angeworfen; überall Menschen in ausgelassener Stimmung.

Neben unserem Bootsfach mühte sich ein hochgewachsener, braungebrannter junger Mann mit seinem Boot ab. BB blickte ihn mit ihren himmelblauen Augen hingerissen an, als er uns mit ein paar Handgriffen half.

»Danke. Sie sind aber braun!« sagte sie bewundernd.

Der junge Mann lachte mit schneeweißem Raubtiergebiß.

»Nein, so braun zu sein, wo doch der Sommer erst anfängt!« bohrte BB weiter.

»Hm.«

»Vielleicht waren Sie schon an der See? Oder...« Sie ließ nicht locker. Ich stieß sie in die Seite. Sie kapierte nicht.

»So braun möchte ich auch mal sein!«

»Bei mir hat der liebe Gott einen Schuß Farbe ins Blut gemischt«, antwortete der junge Mann endlich, sichtlich verlegen. Er war ein Negermischling, und Menschen wie ihn sah man damals noch selten in unseren Breitengraden.

»Rindvieh«, murmelte ich und meinte natürlich BB, die das auch so auffaßte. Dann trugen wir unser Boot ans Ufer.

Sobald wir auf den Wellen schaukelten, waren wir nicht mehr allein. Ringsum starteten Boote, meist mit Paaren besetzt, manche aber auch mit zwei männlichen Paddlern. Ein Boot näherte sich uns unmißverständlich. Lachen und Augenblitze flogen von Bord zu Bord. Bald befanden wir uns in einer ausgelassenen Unterhaltung. Wir fuhren Seite an Seite, Zigaretten wurden herübergereicht und trotz der Gefahr des Kenterns von Bord zu Bord entzündet, alles ließ sich prächtig an. Nach einiger Zeit fiel mir allerdings etwas auf, und ich rief meiner Freundin halblaut zu:

»BB! Du hast ja deinen Ring verloren!«

Das schönste Schmuckstück einer Frauenhand! Was würde Häse dazu sagen? Ersehnt und endlich errungen, und nun verloren...
»Doofkopp. Ich werd' doch meine Chancen nicht mindern. Hab ihn im Schuh.«
Ein anderes Mal hatte BB etwas besseres im Sinn als zu paddeln. Mir kam das sehr gelegen und ich forderte sogleich Fietje auf, einzuspringen, da ich allein mit dem Zweierboot nicht klarkam. Er hatte noch nie in einem Klepperboot gesessen, so konnte ich ihm etwas bieten. Fietje galt bei uns als gefrorener Sekt, und ich wollte versuchen, ihn ein wenig aufzutauen. Miebste war nicht da. Also nichts wie los! Ich hatte Flaggengala angelegt, das heißt, das Beste, was unser gemeinsamer Schrank hergab, und hoffte, ihm zu gefallen. Wir holten das Boot heraus und setzten ein. Da er noch nie gepaddelt hatte – erstaunlich für einen Hamburger –, bot ich ihm den vorderen Platz an. Hinten sitzt der Eigner. Stolz auf unseren Fingur, so genannt nach dem rätselhaften Wesen in Morgensterns Galgenliedern, die wir sehr liebten, stachen wir in See. Ich zeigte Fietje die Technik des Paddelns, und wir zogen munter dahin.
»Na, wie ist es?« fragte ich siegesgewiß.
»Soweit ganz schön. Man sitzt nur etwas unbequem«, meinte er. Ich lachte. Zunächst ist es wirklich nicht bequem, wenn man zum ersten Mal im Faltboot sitzt, müssen doch die Beine ganz ausge-

streckt werden. Der Paddler sitzt absolut flach im Boot, und mit Genuß kann man das eigentlich nur in frühen Kindheitstagen.
»Daran gewöhnt man sich«, tröstete ich ihn. Er sagte nichts mehr, bis wir nach etwa zwei Stunden an Land gingen, um auszuruhen.
»Ach so«, rief er plötzlich und schaute tiefsinnig ins Boot zurück. »Ich hab die ganze Zeit auf meiner Pfeife gesessen.«
Er hielt sie in den Händen, zerbrochen in zwei Teilen.
Fietje hat nie wieder mit mir gepaddelt. Immer, wenn ich ihn fragte, wann wir denn wieder auf die Elbe wollten, antwortete er höflich: »Demnächst!«

»Du, morgen müssen wir einen Dienstausflug mitmachen«, eröffnete mir BB eines Tages. Sie wußte immer alles. »Aber ich hab schon gesagt, sie sollen auf dem Bahnhof nicht auf uns warten. Wir kämen mit dem Boot.«
Ich war damit einverstanden, und wir erkundigten uns, wann wir wo sein mußten. Die Anweisung lautete: ›Früh um neun in der Landwirtschaftlichen Schule zu Meißen‹. Nach Dienstschluß liefen wir nach Hause, um zu packen. Zwei Koffer wurden vollgestopft, schließlich brauchten wir für die Dienstbesprechung gute Kleider, für die Bootsfahrt strapazierfähigeres Zeug. BBs Grammophon durfte

nicht fehlen – es war ein teures Gerät, das sie später mit nach China nahm – ebensowenig ein Stoß Schallplatten, das Zelt natürlich, Schlafsäcke, Trainingsanzüge, unsere Mundharmonikas, eine Zeltlampe und Bücher.

Ich hatte mir ein zweites Fahrrad geliehen, das unter seiner Last aussah wie ein zu hoch beladenes Kamel. BB schob unser ähnlich aufgetürmtes gemeinsames Rad. Schon an der ersten Straßenecke verlor sie einen Teil ihrer Ladung. Ein Verkehrspolizist half ihr bereitwillig beim Wiederaufladen. Wir beeilten uns nach Kräften. Es war die Zeit der langen Tage, und wir waren davon überzeugt, sicherlich noch vor Einbrechen der Dunkelheit in Meißen einzutrudeln.

Ein Gedicht meines verehrten Lieblingsdichters Münchhausen beginnt so:

Über der Pleiße steht
schwarz eine Wetterwand –

Ich zitierte es in kleiner Abwandlung:

»Über der Elbe steht ...«

»Unke nicht!« verwies mich BB.

Wir bepackten das Boot, das einen bemerkenswerten Tiefgang bekam, und starteten. Erst schaukelten wir gemütlich elbabwärts, aber die Wetterwand zog uns entgegen. Böen erhoben sich, es gab entgegen-

drückende Wellen, die Elbe wurde wild. Wir verstanden uns aufs Bootfahren und schnitten, so gut es ging, die Wellen möglichst rechtwinklig, um nicht zu kentern. Unser anfangs munteres Geplauder war längst verstummt, ebenso das Grammophon, das uns Musik gespendet hatte. Es ging jetzt über die Knorre, eine gefährliche Stelle der Elbe oberhalb Meißens. Die Wellen wurden immer höher und unberechenbarer. Verbissen kämpften wir gegen die Naturgewalt. Als der Regen wolkenbruchartig einsetzte, waren wir vom hereinschlagenden Wasser schon bis auf die Haut durchnäßt.
Meißen ist nicht allzu weit von Dresden entfernt. Wir erreichten es, paddelten dem Ufer zu, patschten durchs seichte Wasser und zogen, klatschnaß wie wir waren, unseren Fingur aus den Fluten. Das Boot leerten wir aus, drehten es um und begannen, mit den einzelnen Gepäckstücken die Uferböschung zu erklettern. Die Last war natürlich viel zu umfangreich, um auf einmal getragen zu werden. Wir verfluchten unsere Idee, Bücher und Schallplatten mitzuschleppen, aber alles Schimpfen half nichts. Zuerst nahmen wir das Zelt, in das wir die Schlafsäcke gestopft hatten, um sie möglichst trocken zu halten, und holten später nach, was noch in Nacht und Regen herumlag. Im Park von Siebeneichen suchten wir uns einen einigermaßen geschützten Platz unter einem größeren Baum.

Im Regen ein Zelt aufzuschlagen, ist ein zweifelhaftes Vergnügen. Schließlich aber stand unsere Unterkunft, und wir begannen, uns darin einzurichten. Langsam wurde es ganz gemütlich. Im Dunkeln krochen wir in die Schlafsäcke und blickten, die Köpfe aus dem Zelt streckend, in die hereingebrochene Nacht, schwatzten und rauchten. Der Regen hatte aufgehört, als er merkte, daß er uns nichts mehr anhaben konnte. Schließlich sangen wir, zweistimmig sogar, obwohl wir beide nicht übermäßig musikalisch sind. Doch muß man als landwirtschaftliche Lehrerin auch musische Fächer, u. a. Singen, unterrichten. Hier aber hätten wir nicht gerade für dieses Fach üben sollen, denn es dauerte nicht lange, bis jemand kam.
Gottlob war es ein einzelner Jemand. So einer ist, hegt er dunkle Absichten, zwei handfesten Mädchen kaum gewachsen. Trotzdem war uns nicht ganz geheuer, als er sich vor unser Zelt setzte und eine Unterhaltung begann.
BB zeigte sich sehr abweisend, und ich stimmte in diese Tonart ein. Der junge Mann aber ließ sich nicht beirren, und als er schließlich ging, verhieß er, mit einem befreundeten Spießgesellen zurückzukommen. Diese Aussicht paßte uns gar nicht. Was tun?
Der Siebeneichner Park ist groß, und nachts ist darin keine Menschenseele zu sehen, die wir hätten

um Hilfe rufen können. Es blieb uns also nichts anderes übrig als Selbsthilfe. BB hatte eine Idee.
Sie nahm vier Heringe, die man zum Zeltaufbauen braucht. Das Zelt fiel deshalb nicht zusammen, wir hatten ja immer Ersatzheringe dabei. Diese steckte sie in einem ziemlich weiten Viereck um unser Häuschen in den aufgeweichten Boden und spannte Schnüre dazwischen. Nun hofften wir auf den guten Engel, der Zeltende beschützt, und krochen wieder zurück, diesmal ganz still, kaum flüsternd. Wie weit Stimmen in der Dunkelheit tragen, hatten wir ja erfahren.

»Vielleicht kommen sie gar nicht«, flüsterte BB halb erleichtert, halb enttäuscht. Doch bald hörten wir halblautes Gemurmel, das näher kam.

»Hier irschendwo missense sin«, sagte eine Stimme in gepflegtem Sächsisch, eine andere antwortete:

»Ich weeß nicht, ich gloobe, du schpinnst. Hier sin gar geene.«

Hoffentlich gaben sie auf. Wir atmeten kaum, horchten nur. Die Schritte schlurften näher, entfernten sich wieder, kamen aufs neue nah.

»Hier! Ich seh das Zelt!« rief jetzt die eine Stimme triumphierend, Schritte näherten sich, immer schneller –

Bauz, da flog etwas zu Boden. BBs Spannleinen hatten ihre Schuldigkeit getan. Fluchend suchte der Gestürzte seine Gliedmaßen zusammen.

»Mensch, ich hab mir die Rippen gebrochen!«
»Quatsch, so schnell bricht mer sich geene Rippen.«
Es gab ein längeres Hin und Her, das wir atemlos belauschten. Der erste schien sich wirklich wehgetan zu haben, er stöhnte und fluchte ununterbrochen. Ich hielt BBs Arm eisern umklammert, weil ich merkte, sie wollte aufspringen und dem Verletzten erste Hilfe leisten. Der zweite Mann schien jetzt einzusehen, daß es ernst war.
»Gomm her, ich stütz dich. Gehts?«
»Es muß. Nee, verbibbsch, über was bin ich bloß gestolbert?«
Das schien dem andern gleichgültig zu sein. Die Stimmen etnfernten sich. Wir atmeten auf.
»Na, ein Glück! Meine Mutter hat immer gesagt...«
»Was denn? Wir sollen im Siebeneichner Park nicht allein zelten? Oder was?«
»So ähnlich. Menschenskind, sei leise, nochmal brauchen sie uns nicht zu hören.«
Ich war ihrer Meinung. Wir lauschten noch eine Weile in die Nacht. Zu singen wagten wir nicht mehr. Nichts rührte sich ringsum. Wir schliefen ein.
Am nächsten Morgen konnte ich den rechten Arm nur schwer bewegen, er schmerzte, sobald ich ihn streckte oder beugte. Es war eine Sehnenscheidenentzündung, wie sich später herausstellte, wahr-

scheinlich durch das verbissene Paddeln verursacht. Ich packte trotzdem mit an und schleppte mit BB unser umfangreiches Gepäck bergauf, denn wir mußten ja bis neun Uhr die landwirtschaftliche Schule erreichen.

Wie wir es schafften, ist mir heute noch unklar. Diese Unmasse an Zeug, sowieso schon zu viel und zu schwer, durch den Regen noch schwerer geworden, war in einem einzigen Arbeitsgang nicht fortzubewegen. Das hatten wir uns beim Aufbruch nicht klargemacht. In Etappen schleppten wir es bis zur Straße, schließlich bis zu den ersten Häusern von Meißen, und dort gab es glücklicherweise neugierige Kinder, die uns angafften und dann, als BB in ihrer unwiderstehlichen Art sie dazu aufforderte, gern und begeistert zugriffen. Eins schleppte die zusammengelegte Bootshaut, ein paar andere die Stab- und Spantentaschen, eins das Grammola, wieder eins unsere Koffer. BBs Koffer erwies sich als nicht sehr zuverlässig im Hinblick auf das Schloß. Immer wieder sprang es auf, und der Kofferinhalt ergoß sich auf die Straße. Die Kinder stopften das Herausgefallene zurück. Zu allem Unheil löste sich bei BB auch noch ein Absatz vom Schuh. Sie begann zu ›lahmen‹.

Von einem gutmütigen Meißner Schuster, zu dem die Kinder uns führten, wurde BBs Absatz umsonst wieder angeklopft, und schließlich saßen wir zerzaust und müde zwischen den taufrischen Kolleginnen und lauschten den Vorträgen, zu denen wir hierher befohlen wurden. Daß wir es geschafft hatten, zur rechten Zeit in der landwirtschaftlichen Schule einzutreffen, grenzte an ein Gotteswunder. Probelehrerinnen tanzten damals sozusagen auf einem Seil, von dem sie beim geringsten Anlaß abstürzen konnten. Es gab zu viele Anwärterinnen für die wenigen Schulen, und fristlose Entlassungen bei irgendeinem noch so geringen Anlaß drohten stets. Unsere Kolleginnen waren nach diesen Pflichtübungen freundlich genug, unser Gepäck unter sich zu verteilen und es gemeinsam zur Straßenbahnhaltestelle zu befördern.

Von den Vorträgen habe ich zwar nichts behalten, trotzdem wird mir dieser anstrengende Dienstausflug ewig in Erinnerung bleiben, und dies nicht wegen der Strapazen und des gesparten Fahrgeldes, sondern einzig und allein wegen des Glücks auf der Elbe, das wir wieder einmal erlebt hatten.

Liebe Gäste

»Du, heute kommt Besuch. Hast du noch Geld?« fragte BB.

»Etwas ja«, erwiderte ich. »Wie viele kommen denn? Wer hat sich angemeldet?«

»Fietje und Väterchen. Sie haben zwei Handtücher rausgehängt.«

Väterchen war ein zweiter Landwirtschaftsrat, der unsere engere Runde vervollständigte. Die beiden wohnten aus Sparsamkeitsgründen ebenfalls zusammen in einer Bude, deren Fenster auf unseren gemeinsamen Hinterhof schauten. Wenn wir uns weit genug aus dem Fenster unseres kleinsten Gemachs hinausbeugten, konnten wir sie sehen. Wie beim Dreimäderlhaus gab es bei uns Flaggenzeichen: Wenn das Handtuch am Fenster hing, hieß es: Wir kommen heute. Hingen zwei oder noch mehr Handtücher, so bedeutete das: ›Wir bringen noch jemanden mit.‹

»Ein paar. Wie viele, ahne ich nicht. Zum Abendbrot oder danach?«

»Ich fürchte, zum. Und sie haben sicherlich Hunger. Du, Miebste sagte neulich, in der Stadt gibt es Kartoffelsalat, das Viertel zu neunzehn Pfennig. Und die Mimi hat noch Pellkartoffeln daliegen, die schneiden wir mit rein.«

BB wußte immer, was die Mimi kochte.

»Vielleicht hat sie sie gezählt?«, gab ich zu bedenken.

»Quatsch, die zählt nicht. Laß mich nur machen.« Übergriffe in Mimis Speisekammer liebte ich nicht. Obwohl – nun ja, wenn Gäste kamen und hungrig waren... Und kosten – kosten tat sogar ich manchmal. So kam ich einmal aus der Küche zurück.

»Du, die Mimi hat heute Grießklöße.«

»Ich weiß. Aber der Teig schmeckt nicht«, erwiderte BB.

Zu unserer Ehrenrettung muß ich hier einfügen, daß wir derartige Übergriffe in die Speisekammer unserer ältlichen, gutherzigen Schlummermutter immer wieder gutmachten. Wir trugen ihr ohne Aufforderung den Mülleimer hinunter und hinauf, und als sie einmal über Mäuse klagte, fing BB ihr eine auf der Straße streunende Katze und setzte sie in der Wohnung aus. Das hatte allerdings duftende Folgen, die wir beseitigen mußten. Zum Muttertag schenkten wir ihr einen patenten Gasanzünder, damit wir unsere Zigaretten anzünden konnten, ohne teure Streichhölzer kaufen zu müssen. Wir waren schon sehr arm, was manches erklärt und entschuldigt.

Jetzt also hieß es, ein Abendbrot auf die Beine zu stellen, mit dem wir die Gäste beglücken konnten.

»Du kannst inzwischen aufräumen, ich hol den Salat«, sagte ich vorsichtshalber.

Wenn BB den Salat holte, kostete sie bestimmt unterwegs davon, und ein Viertelpfund ist schnell weggekostet. Hunger hatten wir beide nämlich ständig. Dieser Hunger trieb mich, nachdem ich das Viertelpfund–oder war es gar ein halbes?–in einem anderen Stadtteil von Dresden erstanden hatte, noch in eine Nebenstraße der Prager Straße, in eine Filiale von Kuchen-Kramer, einer berühmt guten Bäckerei, wo es ›Kuchen von gestern‹ oder ›Kuchenränder‹ gab. ›Kuchen von gestern‹ war billiger als frischer, uns aber auch noch zu teuer. ›Kuchenränder‹ hingegen, schon in Päckchen abgepackt, konnte man für zehn oder fünf Pfennige erstehen. Wir hatten ausprobiert, daß man zweimal zu fünf Pfennig mehr bekam als einmal zu zehn. Diese Ränder schmeckten wundervoll nach Mohn-, Quark- oder Streuselkuchen, je nachdem, woher sie stammten. Ich fuhr also in diese Filiale, kaufte für fünf Pfennig und fing an, den ersten Hunger zu stillen. Mit beginnender Sättigung regte sich das schlechte Gewissen in mir. Ich aß mich hier voll, und BB ... Kurz entschlossen kaufte ich noch zweimal Kuchenränder für je fünf Pfennige, verstaute sie beim Kartoffelsalat und bestieg wieder meinen Drahtesel.

»Ich hab dir etwas mitgebracht«, verkündete ich zu Hause, und BB strahlte. Sie futterte los und schob mir das zweite Päckchen hin. Ich aß, meinte dann aber, sie könnte die Hälfte von mir noch haben. Dieser Edelmut ließ sie aufmerken.

»Nanu, seit wann bist du denn so schnell satt?«

Beschämt gestand ich, daß ich bereits ein ganzes Päckchen im Magen hatte.

»Na gut, dann eß ich es, und der Salat bleibt für die

Gäste«, sagte sie befriedigt und schob den letzten Brocken in den Mund. Mit ein paar von Mimis Pellkartoffeln verlängert, würde der Salat nun bestimmt reichen.

Natürlich konnten wir unseren Gästen keinen Alkohol bieten, das lag außerhalb jeder Möglichkeit, und die Besucher erwarteten ihn auch nicht. Dafür gab es Tee. Tee hatten wir immer, ich brachte ihn heimlich von zu Hause mit – Tee und Briefmarken. Ich habe meinen Eltern nie, wie die meisten Erwachsenen später gestehen, Geld entwendet, dafür aber Tee und Briefmarken. Niemand merkte, wenn ich ein paar Löffel voll Tee in ein altes Briefkuvert füllte und mitnahm. Und Briefmarken lagen immer im Kästchen auf Vaters Schreibtisch, von denen jeder nahm, was er brauchte. Wäre ich noch daheim gewesen, hätte ich das ja auch gedurft. Womit hätte ich wohl sonst meine Liebesbriefe frankieren sollen? Wie knapp wir mit dem Geld waren, ahnten meine Eltern sicherlich nicht, sie hätten mir bestimmt einen Zuschuß gegeben. Sie hörten nur, was wir erzählten – vom Theater, von Gästen und Ausflügen, von all dem, was wir gern und ein wenig angeberisch berichteten. Sie sollten sich nicht sorgen, die Zeiten waren schwer genug, auch für sie.

Ich goß also Tee auf, und BB deckte den Tisch. Als Beleuchtung nahmen wir eine geschenkte Kerze. Bei ihrem Schummerlicht sah man nicht so genau, wie viel oder wie wenig BB aufgeräumt hatte. Es war auch gemütlicher so. Schon klingelte es, und ins Zimmer traten Fietje, Väterchen und Miebste, mehr nicht. Wir atmeten insgeheim auf. Fietje zog zwei Schachteln Zigaretten aus der Tasche und erzählte, er sei zum Vorstand des Ziegenzuchtvereins gewählt worden und wolle diese Ernennung nun mit uns feiern. Väterchen gratulierte ihm mit den Worten: »Meinen Glückwunsch zum neuen Titel. Sehr passend. Du siehst genau aus wie ein Ziegenbock.« (Fietje, lang und mager, stellte in der Tat keine Schönheit dar.)

»Und du riechst so«, gab Fietje gelassen zurück.

Väterchen hatte viel im Labor zu tun, wo Föten von Rindern untersucht wurden, und ihm haftete tatsächlich ein merkwürdiger Duft an.

Fietje, sonst eher sparsam mit Worten, hielt sogar eine Rede. Wir platzten fast vor Lachen, überhörten deshalb die Türklingel und riefen erstaunt »Herein!«, als es an die Zimmertür klopfte. Und wer stand plötzlich im Zimmer? Mein Vetter, mein »Ehemaliger«, wie BB sich ausdrückte, wenn wir unter uns waren. Er hatte uns, seit ich mit Werner verlobt war, noch nie besucht. Ich war ziemlich erschrocken und stellte ihn den drei Besuchern vor. BB kannte ihn bereits vom Internat, wo er mich an Wochenenden oft per Motorrad besucht hatte. Ich machte damals gerade heimlich mit geliehenem

Geld den Führerschein für Motorräder, den allerersten unter Lehrern und Schülern des Internats, und war natürlich entsprechend stolz darauf. So fuhr ich, wenn wir von der Ausfahrt zurückkehrten, meist selbst, er hinter mir auf dem Sozius. Zu unserem Abschlußexamen hatten die Mitschülerinnen uns zu Ehren folgendes Lied gedichtet:

Auf dem Motorrädchen,
vorne drauf das Mädchen,
hinten drauf der Mann,
kommt die Lise an.

BB dagegen wurde der Vers gewidmet:

Man liebt ja meistens mehrere,
bald leichtere bald schwerere...,

denn ihr Verschleiß an Männerherzen ließ sich schon damals nicht verbergen.

Übrigens mußte ich jedesmal um Urlaub bitten, wenn mein Vetter mich abholte, und fragte dann wohlerzogen, ob ich mit meinem Vetter...

Natürlich glaubte niemand an diese Verwandtschaft, bis mich eines Tages meine Eltern im Seminar besuchten und ihn mitbrachten.

»Unser Neffe, Dr. Soundso«, stellten sie ihn dem Kollegium vor. Die Gesichter wurden lang und länger.

Nun war ich, als er in der Räcknitzstraße auftauchte, sehr verlegen. Zum Glück behauptete er, schon gegessen zu haben. Seine Eltern wohnten in Radebeul, einem Vorort von Dresden, und von dort kam er. Vielleicht war er wirklich nicht hungrig. Damals hatte er bereits den Doktor und unterrichtete an der Fürstenschule in Grimma.

BB jedoch zeigte sich von ihrer besten Seite. Sie erzählte, daß Häse, ihr Verlobter, die Fürstenschule Sankt Afra in Meißen besucht habe und überbrückte damit geschickt die merkwürdige Befangenheit, die durch den unerwarteten Besuch entstanden war. Mein Vetter ließ sich auch nicht lumpen. Er zauberte zwei Flaschen Wein aus seiner Aktentasche. Nobler ging es wirklich nicht. Wein! Wir holten rasch Gläser, und bald wurde es richtig gemütlich. Nur Fietje, der den Ereignissen manchmal nicht so schnell folgen konnte, hielt den Besucher für meinen Verlobten. Um ihm etwas Nettes zu sagen, begann er höflich:

»Ich hatte die Ehre und das Vergnügen, einen Nachmittag in Ihrem Boot auf der Elbe zu verbringen...« Dann stöhnte er auf, denn BB hatte ihn warnend auf den Fuß getreten. Mir wurde heiß vor Verlegenheit.

»Ich fürchte, Sie verkennen mich«, antwortete mein Vetter gelassen, »das Boot gehört, soviel ich weiß, meinem Nachfolger.«

Er sagte das so nett, daß ich ihm am liebsten um den Hals gefallen wäre.
Der Wein hatte uns allmählich auf Touren gebracht, und wir begannen zu singen. Am allgemeinen Liederschatz fehlte es nicht. Mein Vetter und ich kannten so viele, daß wir stets behaupteten, wir könnten drei Tage und drei Nächte durchsingen, ohne uns zu wiederholen. Volks- und Kunstlieder, Duette, Chansons, den ganzen Zupfgeigenhansl, den ›kleinen Rosengarten‹ von Löns, Commerslieder, Lieder aus der Küche, Moritaten, Seemann-Shanties, Kanons. Die andern ließen sich mitreißen. Gerade hatten wir Fietje zu Ehren das ergreifende Lied: »In Hamburg, da bin ich gewesen –« gesungen, da klopfte es abermals. Diesmal war es Mimi, und wir befürchteten schon, sie würde sich wegen nächtlicher Ruhestörung beschweren. Doch sie kam, weil es so wunderschön klänge, wie sie sagte.
»Ich verstehe von drüben die Texte nur nicht so gut«, erklärte sie schüchtern. »Ob es wohl möglich ist, daß ich wenigstens von diesem letzten den Text bekomme?«
Ausgerechnet vom letzten! Ob sie ihn aufgeschrieben wohl auch noch schön fände? *›Denn es kann ja nichts Schöneres geben, als in Hamburg ein Mädchen für Geld.‹* Wir sangen den Kehrreim zweistimmig, es klang herzergreifend. Dann versprachen wir, ihr den Text *»demnächst«* abzuschreiben, und gingen

lieber zu Löns über. ›*Rose weiß, Rose rot, wie süß ist doch dein Mund ...*‹

»Weißt du, eins verstehe ich nicht«, sagte BB tiefsinnig, als der Gästeschwarm unser Zimmer verlassen hatte und wir uns zur Ruhe begaben, sie im Bett, ich auf der Couch, »daß du nicht gleich Bruchschokolade gemacht hast, mit deinem da ...«

»Mit meinem Verlobten?« fragte ich, sogleich die Zusammenhänge verstehend, ebenso versonnen.

»Wenn du so einen an der Hand hast, auch noch mit Motorrad. Der ist doch Hochhausklasse, Menschenskind ...«

»Findest du?« fragte ich geschmeichelt.

»Finde ich. Wenn's nicht deiner wär, würde ich auf der Stelle ...«

»Na was denn? Ihn mir ausspannen?« fragte ich streitbar. Es war ein ungeschriebenes, aber eisern eingehaltenes Gesetz bei uns: Der Freund der andern ist tabu.

»Ist ja nicht eingespannt bei dir. Manchmal finde ich dich schwachsinnig ...« Ihr Gemurmel verstummte. Gleich darauf zog ein sanftes Schnarchen durch den tabakgeschwängerten Raum. Wir vergaßen immer zu lüften, wenn ›Gesellschaft‹ bei uns gewesen war.

»Ich mich auch«, sagte ich wütend und laut.

Ich fand mich wirklich schwachsinnig. Aber das hörte niemand.

Himmelsbräute auf dem Sportfeld

»Wach auf, wir müssen zum Pflanzenschutz!«
»Der fängt doch erst um neun an.«
»Aber wir haben uns doch für heute zur Prüfung fürs Rettungsschwimm-Abzeichen angemeldet!«
Es war schon Schwerstarbeit, BB aus dem Morgenschlummer zu reißen. Sie war immer wütend auf mich, wäre es aber auch gewesen, wenn ich sie *nicht* geweckt hätte. Wecken ist überhaupt – das habe ich damals erfahren und später bestätigt gefunden – ein undankbares Amt. Weckt man rechtzeitig, so gibt der andere noch etwas zu und kommt in Zeitnot, für die man verantwortlich gemacht wird. Rüttelt man ihn zeitiger als nötig aus den Federn, so starrt er auf die Uhr und wütet, es wäre noch nicht nötig gewesen. Und weckt man knapp vor dem Allerletzten, na dann! An allem ist man schuld, am gerissenen Schnürsenkel ebenso wie am unauffindbaren Kamm.
So war es auch bei uns Himmelsbräuten. Ich weckte, und sie wütete. Gern stand ich auch nicht auf. Aber heute!
Samstag mußten wir nicht in die Kammer, sondern wurden zusammen mit unseren Kollginnen im Großen Garten, nahe der Ilgenkampfbahn, im Pflanzenschutz unterrichtet. Der Pflanzenschutz begann erst um neun. Ich nehme an, weil der Herr

Landwirtschaftsrat, der uns lichtvolle Vorträge hielt, einmal in der Woche ebenfalls ausschlafen wollte. Wir gingen immer vorher schwimmen – das Bad wurde um sieben geöffnet –, denn wir trainierten für das Sportabzeichen. Anschließend wankten wir erschöpft und müde zum Unterricht; ein paar hundert Meter mit leerem Magen schwimmen nimmt ganz schön mit. Doch schließlich gehörten zu den Unterrichtsstunden, die wir später geben sollten, auch Leibesübungen; insofern übten wir ja für den Beruf.

Diesmal standen das Dauerschwimmen, das Tauchen und die Rettungsgriffe auf dem Programm. Für das DLG-Abzeichen mußte man eine Stunde in Kleidern und mit Schuhen schwimmen.

»Was nimmst du denn dazu? Den Trainingsanzug?« fragte ich.

BB tippte mit dem Zeigefinger an die Schläfe.

»Bist du närrisch? Ein leichtes Sommerkleidchen und Turnschuhe. Dachtest du, ich schwimme in Reitstiefeln?«

Die besaßen wir zwar nicht, allenfalls sehnten wir uns danach, nach Pferden nämlich, hatte ich doch meine Berufswahl ›Landwirtschaftslehrerin‹ nur deshalb getroffen, weil ich hoffte über die Landwirtschaft einmal zu Pferden zu kommen. Es war der irrigste Umweg meines Lebens. Also gut, leichtes Kleidchen (ich haßte ›Kleidchen‹) und Turn-

schuhe. Wir stopften eilig alles in die Aktenmappen und zogen los. Zu dieser Zeit besaßen wir sogar zwei Fahrräder (eins von Miebste), mit denen wir das schlafende Dresden durchquerten.
Wir waren nicht die einzigen, die das Schwimmbad so zeitig aufsuchten. Außer uns drängte noch eine Anzahl gut aussehender junger Männer, Polizeianwärter, durchs Eingangstürchen. Einer trug sofort BBs Mappe, ein anderer hob ihr Fahrrad in den Ständer, ein dritter half ihr aus der Jacke. Um mich kümmerte sich keiner.
Wir nahmen eine Kabine, zogen die Badeanzüge an, darüber die ›Kleidchen‹, und so, mit Turnschuhen an den Füßen, liefen wir hinaus zum Sportwart. Er stellte mit seiner glänzenden, goldbraunen Haut das Idealbild eines schönen Mannes dar, und BBs Augen wurden träumerisch, während sie ihn ausgiebig betrachtete. Er gab uns die nötigen Anweisungen, und wir sprangen in das hellblau blinkende Wasser. Eine Stunde in Kleidern schwimmen – warum nicht. Hat man sich erst daran gewöhnt, daß die Textilien an einem kleben, macht es einem nichts mehr aus. Wir schwammen Brust- und Rückenstil, legten uns als toter Mann aufs Wasser, und BB flirtete dabei ungehemmt mit den sportlichen Männern ringsum. Sie konnte sogar beim Schwimmen flirten. Auf diese Weise verging die Stunde überraschend schnell.

»Im Wasser ausziehen!« rief der Sportwart, und wir befreiten uns von den Kleidchen, warfen sie auf den Beckenrand und zogen schließlich die Schuhe von den Füßen. Auch sie flogen mit Schwung ins Trokkene. Welch eine Wohltat, sich jetzt ohne störendes Beiwerk im Wasser bewegen zu können!

»Fertig, rauskommen!« kommandierte nach einiger Zeit der Vorgesetzte der jungen Polizeianwärter, und einer nach dem andern erklomm die Leiter und damit den festen Boden. Nur einer kam nicht. Er schwamm und schwamm.

»Mensch, komm raus, es ist lange über die Zeit!« rief der Kommandierende. Der junge Dauerschwimmer antwortete nicht, sondern schwamm verbissen weiter. Wir paddelten in seine Nähe und verfolgten gespannt, was nun kommen würde.

Schließlich schwamm er zur Leiter, winkte dem Vorgesetzten, der sich hinunterbeugte, und flüsterte ihm etwas zu.

»Ach du lieber Himmel«, sagte der mit einem Blick auf uns. »Könnten Sie nicht – ich meine...«, er begann zu stottern.

»Wir sind noch nicht ganz fertig«, rief BB, »noch zehn Minuten. Wir sind später gestartet.«

»Ja, aber hier mein Kamerad...«

Es stellte sich heraus, daß der Dauerschwimmer beim Ausziehen die Badehose mit erwischt und an Land gefeuert hatte. Endlich verstanden wir und prusteten los. BB machte mir ein Zeichen und zog mit langen Schwimmstößen dem anderen Ende der Bahn entgegen. Ich folgte. Hinter uns klomm der Nackedei so schnell er konnte an Land.

Zehn Minuten später hatten auch wir unsere Zeit abgeschwommen und beeilten uns, zum Pflanzenschutz zu kommen. Die nassen Kleidchen hängten wir inzwischen zum Trocknen in die Büsche, vergaßen sie aber nach dem Unterricht. So hingen sie acht Tage später noch immer dort. Der Landwirtschaftsrat, der uns Unterricht gab, war sehr entrüstet. Wer da wohl die alten Klamotten ins Gebüsch gehängt habe?

Wir waren gleichfalls empört. Ich machte meiner Entrüstung lautstark Luft – alte Fetzen in den gepflegten Großen Garten zu hängen – eine Kulturschande! BB trat mir auf den Fuß, daß ich beinahe laut geschrien hätte. Später klärte sie mich auf, daß es sich um unsere Kleider handelte. Ich wurde noch nachträglich rot, und heimlich entfernten wir sie.

Schwimmen fiel uns leicht, wir beherrschten es seit frühen Kindertagen. Nun aber hatten wir den Ehrgeiz, das Sportabzeichen zu machen, und dazu mußte man nicht nur schwimmen, sondern außerdem springen, werfen, laufen und eine Dauerleistung erbringen. Alle diese Disziplinen hatten irgendwelche Ausweichmöglichkeiten. Statt Kugelstoßen konnte man z. B. Schlagball-Weitwurf wählen, beim Springen Hoch- oder Weitsprung, bei der Dauerleistung entweder laufen oder tausend Meter schwimmen oder radeln. Nur bei einer einzigen Disziplin gab es keine Wahlmöglichkeit: die kurze Strecke mußte man laufen, da führte kein Weg daran vorbei. Und darin waren wir beide schlecht. Hundert Meter in 15,5 Sekunden. Ein guter Leichtathlet schafft das spielend, für uns aber schien es unerreichbar. Wir waren beide keine leichten Elfen, die beim Laufen kaum den Boden berührten. Stampfend und prustend tobten wir die Aschenbahn entlang und erreichten das Ziel immer zu spät. Es war zum Verzweifeln. Nach einem erneuten Mißerfolg saßen wir heulend in der Sandgrube; das ersehnte Abzeichen war in weite Ferne gerückt.

Da gesellten sich zwei junge Männer zu uns. BB hatte sofort die Tränen hinuntergeschluckt und lächelte ihnen charmant entgegen. Mir gelang das nicht so rasch. Der eine hatte ein freundliches, offenes Jungengesicht, der andere sah eher mephistophelisch aus. Sein schwarzes Haar wuchs ihm in einer dämonischen Tolle in die Stirn, und seine Augen, ebenso kohlschwarz, lagen sehr tief. BB wandte sich sofort dem hübschen Jungen zu, und nach kurzer Zeit bereits versprach er, sie für das Laufen zu trainieren.

»Was sind Sie denn bisher gelaufen?« fragte er.

»Sechzehn«, murmelte BB beschämt. Das war geprotzt, sie lief höchstens 16,6 Sekunden, aber über die vorgeschriebene Zeit war beides.

»Fünfundsiebzig Meter?« fragte er ziemlich entsetzt, als habe sie ihm einen schweren Fehltritt gebeichtet.

»Unsinn, natürlich hundert«, brummte BB.

»Aber seit dem ersten« – heute war der fünfte Mai – »sind doch die Bestimmungen geändert«, erklärte der Blonde eifrig. »Ab ersten Mai brauchen Frauen nur noch fünfundsiebzig Meter zu laufen, in...«

»In welcher Zeit?« unterbrachen wir ihn beide wie aus einem Mund.

»In zwölf. Das ist doch nicht unmöglich. Das schaffen Sie bestimmt!«

»Versuchen wir es!«

BB hatte sich hochgestemmt und riß mir beinahe den Arm aus, als sie auch mich hochzog. »Nun trödle doch nicht immer so entsetzlich!«

Ich wollte etwas erwidern, schwieg aber lieber. Der blonde Mann nahm eine Stoppuhr aus der Tasche. »Kommen Sie!«

»Jetzt gleich?« fragten wir. Mir schlotterten die Knie bei der Aussicht, es vielleicht wieder nicht zu schaffen.

»Start wie eine Olympia-Siegerin, aber bei achtzig Metern fällst du ab«, hatte mir mal einer gesagt. Doch welch ungeheurer Triumph, wenn wir es doch schafften!

»Auf jeden Fall probieren wir es«, sagte der Blonde, ging mit uns an den Start, kratzte ein wenig an den Löchern herum und befahl uns, in Tiefstart zu gehen. Der andere übernahm das Kommando. Mir schlug das Herz, als wäre ich schon gelaufen.

»Kommando gilt: Auf die Plätze, fertig...«

Ich warf mich nach vorn und sah aus den Augenwinkeln BB neben mir hochschießen. Dann aber starrte ich nur noch auf das Ziel, zu dem der junge Mann mit der Stoppuhr trabte. Während wir mit aller Kraft den Boden hinter unseren Füßen zurückschleuderten, lief er gemächlich und ruhig und war trotzdem einige Sekunden vor uns da. Als wir vorbeigeschnauft waren, hob er die Uhr.

»Zwölf, ohne jede Schmeichelei«, verkündete er.

BB fiel ihm um den Hals. »Wirklich? Das würde reichen?«

»Das reicht sogar bestimmt. Sie werden es erleben. Übermorgen wird das Abzeichen hier abgenommen, von zwei Sportlehrern, die ich kenne. Kommen Sie?«

»Und wenn inzwischen die Welt untergegangen ist«, schwor BB, noch immer keuchend. Ich nickte stumm. Unser zweiter Begleiter versprach, auch da zu sein.

Der große Tag kam. Wir hatten vorher nichts gegessen, um leichter zu sein – als ob das etwas ausmachte! – und waren zeitig schlafen gegangen. Nun standen wir mit entsetzlichem Lampenfieber da und warteten auf den Start.

»Ich bin so aufgeregt, sagen Sie mir doch was Beruhigendes«, jammerte BB.

Der mit dem dämonischen Haaransatz – wir nannten ihn Herr Mephisto, weil er so teuflisch aussah – hob die Augen zum Himmel und faltete die Hände. »Das Beste im Leben ist ein Schrebergarten«, flötete er.

Ich brach in solches Lachen aus, daß ich mich hinsetzen mußte. Gleich darauf hieß es: »Los, es wird abgenommen!«

Wir liefen. Ich hatte das Gefühl, am Boden zu kleben, und nur der wilde Durchhaltewille, der uns beide beflügelte, ließ uns nicht aufgeben. Der schlechteste Versuch ist der, den man nicht macht – also vorwärts!

Ich erkannte die Stoppuhr nicht, die der abnehmende Lehrer mir vor die Nase hielt, ich hörte nur: »Beide zwölf. Reicht. Die nächsten.«

Wir konnten es nicht fassen. Wie auf Wolken wankten wir die Aschenbahn entlang, wirbelnde Sterne vor den Augen. Wir hatten es geschafft! Was nun folgte, erschütterte uns nicht. Für das Schwimmen galt die Leistung des Rettungsabzeichens. Springen konnten wir beide, Hochsprung ein Meter zehn, Kleinigkeit! Die Dauerleistung, zwei Kilometer in zwölf Minuten zu laufen, absolvierten wir anschließend ohne Schwierigkeiten in neun Minuten und einigen Sekunden. Nun kam Gruppe vier dran.

Im Kugelstoßen war ich immer gut. Ich trat also als erste in den Zauberkreis und ließ die Kugel, die acht Pfund wog, einen Meter weiter als nötig sausen. Anders BB. Sie hatte dabei kein Glück, dreimal versuchte sie es, dreimal flog die Kugel zu kurz. Einmal fehlten nur zwei Zentimeter.

»So ein Mist«, knurrte sie. Ich tröstete sie. Wir würden es trainieren, und am nächsten Abnahmetag würde sie es bestimmt schaffen.

Auch die andern hatten inzwischen ihre Übungen absolviert, und wir standen mit unseren Heften in der Reihe und warteten auf die so wichtigen Eintragungen. Die beiden Sportlehrer hatten die Füller gezückt – die Eintragung mußte mit Tinte geschehen und dann noch abgestempelt werden. Gerade als die Reihe an uns kam, war bei dem einen Lehrer die Tinte zu Ende. Er mußte erst ins Sportheim laufen und sich dort einen anderen Füller holen. Inzwischen spielten wir mit den herumliegenden Sportgeräten, dem Diskus, warfen Speer, überboten uns im Schlagball-Weitwurf. Endlich kam der Sportlehrer zurück.

»Bitte Ihr Heft«, sagte er zu BB. Er trug ein, was nötig war; Schwimmen, Laufen, Dauerleistung, und griff nach meinem.

»Halt, Kugelstoßen noch!« erinnerte BB.

»Aber bei Ihnen fehlten doch zwei Zentimeter«, antwortete er.

»Fehlten?« BBs Stimme klang abgrundtief empört. »Waren zuviel!« Sie sah mit ihren friderizianisch blauen Augen streng in die seinen. »Wissen Sie nicht? Gerade zwei Zentimeter mehr als nötig. Wir haben noch so gelacht!«

»Richtig, ja! Entschuldigung...«

Ich stand sprachlos vor dieser Unverschämtheit, aber er machte tatsächlich die Eintragung. »Die Acht-Pfund-Kugel sieben Meter und siebenundzwanzig Zentimeter weit gestoßen.« Unterschrift, Stempel, Prüfungsausschuß für Sportabzeichen Tg. Mittelelbe Dresden.

»Hurra!« schrie BB, hob einen der herumliegenden Schlagbälle auf und schleuderte ihn vor lauter Freude in weitem Bogen über die Bahn. Der Sportlehrer sah ihm nach.

»Großartig. Warum haben Sie nicht Schlagballweitwurf gewählt? Das waren mindestens fünfzig Meter, und fünfunddreißig sind nur nötig.«

»Sie sehen, wie vielseitig ich bin«, strahlte BB. Dann bekamen wir unsere Hefte zurück und bestellten die Abzeichen, das große, als Brosche zu tragen, das kleine als Anstecknadel.

»Damit wir es am Kostüm tragen können«, sagte BB. Leider besaßen wir damals noch kein Kostüm. Glücklich verließen wir die Kampfbahn.

»Und es ist nicht mal Beschiß«, erklärte mir BB eifrig. »Ich meine, das mit den zwei Zentimetern. Schlagballweitwurf hab ich ja auch geschafft. Weißt du, früher als Kind auf dem Dorf hab ich viel mit Steinen geworfen und mit Schneebällen. Da lernt man das. Die meisten Mädchen können nicht werfen, aber ich hab immer mit Jungen gespielt.«
Das glaubte ich ihr sofort.

Wendisch-Bora

Ich saß auf unserer Bude und heulte. Da hatte ich das Geld für die Heimreise eisern gespart; es war nicht leicht gewesen, es zu erübrigen, immerzu kam Besuch. Und nun schrieb Werner, er habe am Wochenende etwas anderes vor. Wenn er nicht greifbar war, fuhr ich nicht heim. Das einsame Wochenende stand schwarz vor mir. Da kam BB.
»Was ist los?« fragte sie.
»Da!« Ich reichte ihr wütend die Karte. Noch dazu eine Postkarte, kein Liebesbrief mit freundlichen Beteuerungen am Schluß, die man ja füglich erwarten konnte. Ich fand, daß Werner und das Leben mich schlecht behandelten.
»Hm, du, eigentlich wunderbar. Dann kommst du mit nach Wendisch-Bora.«
Wendisch-Bora war das Gut, das dem Vater ihres

Verlobten gehörte. Jedes Wochenende, an dem sie nichts Besseres vorhatte, fuhr sie dorthin. Erstens konnte sie sich dort zwei Tage lang sattessen, und zweitens brachte sie immer etwas mit: eine Sektflasche voll Milch, eine Wurst, manchmal auch Quark oder eine Tüte Äpfel. Das Gut lag bei Nossen, also nicht allzuweit von Dresden entfernt.

»Mit nach...?« Ich hörte auf zu heulen.

»Klar. Wir radeln hin und sparen die Bahn. Schwiegervater und Mutter Heidi haben schon immer gesagt, ich soll dich mal mitbringen.«

»Haben sie wirklich?« Ich schnupfte und wischte mir die Augen aus.

»Klar. Außerdem haben wir noch Miebstes Rad hier. Wir fragen gar nicht, ob sie es wiederhaben will, sondern fahren einfach los. Am Samstag gleich nach dem Pflanzenschutz. Wunderbar!«

Wir schwänzten jedoch den Pflanzenschutz, weil wir fanden, es führe sich ganz früh am Morgen am besten. Und so war es auch. Nach Wendisch-Bora kann man von Dresden aus direkt fahren oder auch über Meißen. Der zweite Weg ist ebener, für Radler also eher geeignet.

»Den nehmen wir. Ich fahre nicht gern bergauf. Außerdem habe ich in Coswig noch einen Bekannten, von dem ich mich verabschieden will.«

Ein ›Bekannter‹ – ich wußte, was das bedeutete.

»Ach du lieber Himmel, das dauert wieder ewig!«

»Sei froh, wenn du mitdarfst. Während ich Abschied nehme, kannst du dir die Stadt ansehen.«
Wir fuhren los. Über Radebeul, wo die Eltern meines Vetters wohnten – ich besuchte sie nicht, äugte nur zu ihrem Häuschen hinüber. Dann ging es die Landstraße entlang, BB beschwingt vor Vorfreude, ich glücklich, dem Alleinsein entronnen zu sein.
BBs Abschied in Coswig dauerte nicht so lange, wie ich befürchtet hatte. Der Ehemalige hatte sich inzwischen getröstet und eine Frau genommen, die den Abschied durch ihre Gegenwart wesentlich erleichterte und verkürzte. Bereits nach einer halben Stunde saßen wir wieder in den Sätteln und kamen noch vor dem Mittagessen in Wendisch-Bora an.
Das Gut begeisterte mich sofort. Immer habe ich mich aufs Land gesehnt, in erster Linie natürlich der Pferde wegen.
Immer spielten die Geschichten, die ich mir schon als kleines Kind ausdachte und aufschrieb, auf dem Land. Und nun durfte ich ein ganzes Wochenende dort verbringen, in den Pferdeställen herumkriechen, mit BBs Schwiegervater um die Felder fahren und den unvergeßlichen Geruch einatmen, der entsteht, wenn der Schmied das glühende Eisen auf den Huf aufpaßt. Ich genoß dies alles in vollen Zügen.
BBs Schwiegervater war ein ›*Herr*‹ vom Scheitel bis zur Sohle, obwohl von Scheitel nicht mehr viel zu sehen war. Aber auch mit Glatze war er ein Edel-

mann, der Baron und Herr über drei Güter, zwei in Sachsen und eins in Pommern, das Häse und BB später übernehmen sollten. Und Mutter Heidi! Wie reizend und freundlich sie zu uns war! Ich fand sie einfach hinreißend.

Sie war Schwiegervaters zweite Frau, nachdem er die erste durch einen Autounfall verloren hatte, von dem auch BB betroffen wurde. Schwiegervater brach sich die Schulter, BB das Becken, fünfmal, eine Tochter hatte nur eine Fleischwunde, und Häse, den BB damals zum ersten Mal gesehen und mit ihm getanzt hatte, trug einen komplizierten Beinbruch davon. Damals also begann die Liebesgeschichte zwischen ihr und Häse, und wenn man sie fragte, wo sie ihn kennengelernt habe, antwortete sie: »Unterm Auto.« Es war übrigens eine Taxe, und keiner der Betroffenen hatte Schuld an dem Unfall.

Mit Mutter Heidi hatte Schwiegervater zu seinen sechs Kindern aus erster Ehe noch zwei bekommen, die ich nun ebenfalls kennenlernte, eine süße kleine Tochter und einen weißblonden Sohn. Betreut wurden beide von einer ältlichen Nanna, die ihnen immer die Händchen mit einem in Rum getränkten Lappen abwischte, wenn sie einen Besuch mit Handschlag begrüßt hatten.

»Meine Kinder kriegen mal keine Nanna«, schwor BB damals, und sie hat ihren Schwur gehalten.

Ihre Kinder wuchsen auf wie meine, barfuß in Dreck und Speck, und es ist ihnen hervorragend bekommen.

Schwiegervater nahm mich in der ›Spinne‹, dem Einspänner, mit, wenn er um die Felder fuhr, und manchmal durfte ich sogar kutschieren. Das machte mich selig. Abends las er Gedichte von Münchhausen vor, den er sehr liebte und mit dem zusammen er Dresdner Reiter gewesen war. Unvergeßlich blieb für mich die Ballade von den alten Landsknechten im Himmel, die er am liebsten zum Besten gab.

Im Himmel droben, in einer Ecken,
wo die alten Landsknechte die Beine strecken,
weit weg von Heiligen und Propheten,
von Märtyrern und von Anachoreten,
sitzen an eines Kamines Flammen
die seligen alten Landsknechte beisammen.

Ich kannte die Gedichte, fand aber, es gäbe keinen besseren Interpreten dafür als Schwiegervater. Als er merkte, wie sehr mich die Gedichte begeisterten, schenkte er mir sofort einen Band, den ich heute noch besitze.

Ebenso unvergeßlich wie der Abend ist mir das Frühstück am andern Morgen geblieben. Wir, die wir sonst hungrig in die Kammer liefen, durften hier so viel essen und trinken wie wir wollten. Das selbstgebackene Brot mit der wundervollen Rinde, der Kaffee, in den wir viel echte, rahmige Milch gossen, die Marmelade, der Schinken, die goldfarbene Butter! Wir schwelgten ohne Rücksicht auf spätere Reue. Nach dem Frühstück ging die Familie in die Kirche, Schwiegervater war Patronatsherr. Wir baten, vom Gottesdienst befreit zu bleiben und wiesen auf unsere Radlermontur hin. Es wurde uns verständnisvoll gewährt.

»Macht inzwischen einen Spaziergang und nehmt Tell mit«, bat Mutter Heidi. Tell war der Jagdhund. Wir gehorchten gern.

»Ob Häse mal wird wie sein Vater? Dann wird er große Klasse«, sagte ich. Ich kannte BBs Verlobten bisher nur aus Erzählungen.

Wir wanderten um die Felder und kamen im Bogen zurück ins Dorf. Und da geschah es: Tell hatte ein Huhn entdeckt und sauste darauf zu. Das dumme Tier flog nicht über den rettenden Drahtzaun zurück in sein Gehege, sondern versuchte, sich rennend zu retten. »Hühner rennen, als hätten sie die Hände in den Hosentaschen«, hatte Münchhausens Sohn einmal gesagt. Ich fand das bestätigt. Und schon war Tell heran und schlug seine Zähne in die Beute.

»Menschenskind, wir sollten doch...«

Ja, man hatte uns extra ermahnt, Tell an die Leine zu nehmen. Jetzt war es zu spät. Er apportierte das Huhn mit unschuldiger Miene, auch noch stolz auf

seinen Fang, und BB nahm es ihm ab. Es lebte nicht mehr. Was würde der Besitzer sagen?
»Wir vergraben es irgendwo und wissen von nichts«, riet ich ziemlich feige, wie ich zugeben muß. Wir konnten uns doch dazu nicht bekennen. Wer wußte, was der geschädigte Bauer verlangen und was Schwiegervater sagen würde.
»Vergraben? Bei dir rappelts wohl«, sagte BB und hatte das unglückliche Huhn bereits unter ihrer Jacke verborgen, »ein Huhn vergraben, und übermorgen Gäste! Nee, das kommt nicht in Frage. Ausgeblutet ist es. Das gibt einen Festschmaus. Nur merken darf es keiner.«
Wir sahen einander an. Zeugen waren nicht zu entdecken, man ging damals noch geschlossen zur Kirche. Schließlich liefen wir ein Stück zurück und verbargen das Huhn unter einer Hecke, an der wir auf der Heimfahrt vorbeiradeln würden. BB machte noch ein Zeichen am Weg, damit wir es auch bestimmt wiederfanden. Dann wandten wir uns wieder dem Gut Wendisch-Bora zu.
Wir erlebten noch viel an diesem Sonntag. Einen Festschmaus zu Mittag, eine Kaffee-Kuchen-Nachmittags-Stunde, Besuch von auswärts, der mich interessierte und BB wieder einmal Männerherzen verwüsten ließ. Schwiegervater und Mutter Heidi waren sehr gastfrei und luden nicht nur Nachbarn von den umliegenden Gütern zu sich ein,

sondern auch Maler, Schriftsteller und andere Künstler. Diesmal waren es zwei Schauspieler, die zur Zeit in Dresden gastierten. Von ihnen bekamen wir sogar noch je eine Freikarte, mit der wir in der nächsten Woche zu einem Gastspiel gehen konnten, das sonst zu teuer für uns gewesen wäre. Selig und beglückt schieden wir am Abend und radelten Dresden zu, nicht ohne das Huhn aus seinem Versteck geholt zu haben.

Es bildete am übernächsten Tag wirklich unser Festessen mit Gästen. Huhn mit Reis, großartig. Wir kochten es weich, und ich wollte es unzerteilt auf den Tisch bringen. BB, hungrig wie immer, meinte, es wäre ausgiebiger, wenn wir Frikassee daraus machten.

»Das ist viel vornehmer, weil die Knochen schon raus sind. Kapern hat die Mimi noch in der Speisekammer«, sagte sie.

Ich wußte schon, warum sie es tranchieren wollte: Um kosten zu können.

»Dann kostest du es wieder auf«, jammerte ich, »und wir haben nur den nackten Reis.«

In beinahe handgreiflichem Zweikampf gelang es mir, das Huhn zu erhalten. Unsere Gäste staunten, welch noble Gastgeber wir diesmal waren. BB lächelte stolz-bescheiden. Die Herkunft unseres Bratens blieb natürlich im dunkeln. Aber geschmeckt hat er wundervoll.

Am anderen Tag wurden wir vom Schicksal bestraft, jedenfalls ich. Von Zeit zu Zeit mußten wir vor versammeltem Lehrkörper eine Lehrprobe mit einer uns unbekannten Mädchen-Übungsklasse halten. Zur Vorbereitung bekamen wir vierundzwanzig Stunden. Unsere Kolleginnen hatten ihre Stunden bereits gehalten, uns hatte das Schicksal bisher verschont. Jetzt traf es mich. Bürgerkunde, »Die Rechte der Frau«. Ich hatte keinen Schimmer, keine noch so blasse Ahnung. Erschlagen saß ich da, den Zettel in der Hand.

»Weißt du was über die Rechte der Frau in der Landwirtschaft?« fragte ich BB. Sie schüttelte den Kopf. Wie sollte ich bis morgen um diese Zeit eine vollständige Lehrprobe darüber ausgearbeitet haben?

»Ich melde mich krank«, stöhnte ich, »ich kann doch unmöglich ohne jede Vorkenntnis ...«, da läutete es.

BB sprang auf und rannte, die Tür zu öffnen. Ich hörte ihre freudig erregte Stimme. ›Also wieder ein Verflossener zum Abschiednehmen‹, dachte ich, ›Himmel, Himmel, was tu ich nur?‹

Es war kein Verflossener. Die Tür wurde aufgerissen, und BB sagte in höflichstem Ton: »Bitte kommen Sie doch herein ...« und schob eine Dame ins Zimmer. Eine? *Die* Dame, die wir einmal bei uns aufgenommen hatten, als Mimi nicht da war, die Juristin, die gekommen war, als wir auf Conny lauerten.

Ich brauchte kein Wort zu sagen. BB sprach für mich. Nach wenigen Minuten saß ich am Schreibtisch vor meiner Maschine, die sonst Liebesgeschichten tippte, und die Dame diktierte mir die Lehrprobe von A bis Z. Heute noch weiß ich, was damals alles galt: Gütertrennung, Errungenschaftsgemeinschaft, eingebrachtes Gut, Vorbehaltsgut, Erbrecht. Vierundzwanzig Stunden später hielt ich eine hervorragende Lehrprobe. Auf welchem Mist sie gewachsen war, brauchten wir ja nicht zu verraten, ähnlich wie bei dem Huhn, das wir Tell aus den Fängen gezogen hatten. BB mußte hospitieren und strahlte mehr als ich, als die Kritik kam – eine ausgezeichnete Kritik, von den Prüfern immerhin leicht erstaunt abgegeben. Schließlich hatte niemand geahnt, daß in mir so gute juristische Kenntnisse schlummerten.

»Das wird Schwiegervater freuen, wenn wir es ihm erzählen«, sagte BB befriedigt. »Er sagt immer, woher man seine Weisheit hat, ist egal, Hauptsache, man weiß.«

»Dein Süßer hat am Wochenende schon wieder keine Zeit für dich? Na weißt du, so brennend scheint die Liebe ja nicht zu sein. Und hierbleiben willst du nicht? Kann ich verstehen. Dann fährst du eben allein nach Wendisch-Bora. Vielleicht apportiert Tell wieder ...«

»Sei still!«

»Na schön, dann nicht. Aber ich kann nicht mit. Ich muß mich von Heino verabschieden, dazu brauch ich zwei Tage. Du sagst einfach bei Schwiegervater und Mutter Heidi, ich sei dienstlich verhindert. Mutter Heidi hat mir neulich das Fahrgeld für uns beide gegeben. Wir treffen uns auf dem Rückweg in Nossen und fahren dann zusammen zurück nach Dresden. Nur laß dich von keinem auf die Bahn bringen, verstanden? Damit es nicht herauskommt, daß ich ...«

»Ich weiß doch. Ich werd schon nicht«, brummte ich.

Der Sommer neigte sich seinem Ende zu, unsere Abschlußprüfung nahte. Wenn wir an sie dachten, war uns beiden nicht wohl. Ich war froh, nach Wendisch-Bora ausweichen zu können. Allein hier auf der Bude, nein!

So fuhr ich gehorsam mit der Bahn. In Nossen sah ich die Ankunftszeit von BBs Zug nach, damit ich

wußte, wann ich am Sonntag gegen Abend starten mußte, um sie zu treffen, und machte mich zu Fuß auf gen Wendisch-Bora. Den Weg hatte ich mir auf der Karte herausgesucht.
Es wurde eine trübselige Wanderung, die ich nie vergessen werde. Acht Tage zuvor hatte ich Werner in Leipzig getroffen und gemerkt, daß zwischen uns vieles im argen lag. Er behauptete, ich hätte mich im letzten halben Jahr sehr verändert, daran sei zweifellos ›die Freundin‹ schuld, und ich wiederum fand, daß er viele Vorurteile und enge Ansichten habe. Daran dachte ich, während ich dahinstapfte, und nun fing es auch noch zu regnen an.
Ich weiß noch, daß ich kurz vor Wendisch-Bora unter ein paar Fichten rechts vom Weg Schutz vor der Nässe suchte, mich dort verkroch und am liebsten gar nicht weitergegangen wäre. Die Prüfung drohte, bald mußten wir uns trennen, BB und ich. Sie würde sicherlich in Kürze nach China in die Arme ihres Häse entfliehen und ich? Ich konnte mir ein Leben ohne sie nicht vorstellen – und mein Verlobter? Auch er wartete auf eine Anstellung. Wenn wir wenigstens bald heiraten könnten...
Ich hatte Schwiegervaters Geschenk, den Band mit Münchhausens Balladen und ritterlichen Liedern, bei mir und schlug das Buch auf. Ich suchte Trost und fand ein Lied, das ich bis dahin noch nie gelesen hatte.

Verreite dein Leid, oder sauf es zurück
in die dunkle Brust, aus der es stieg,
oder such in des Teufels Gebetbuch dein Glück...

Dann die zweite Strophe:

Nur eins, nur dulde, gedulde dich nicht,
wer schweigt, wird vom Unglück zerdreht –

Es fuhr mir wie ein Schwert ins Herz. »Verreite dein Leid –«! Ja, wer das könnte! Einmal wieder im Sattel – ich hatte bis dahin jede, leider so seltene Gelegenheit zu reiten beim Schopf gefaßt.
Wer das könnte! Vor allem aber: »Nur eines, nur dulde, gedulde dich nicht...«
Ich sprang auf, in den Regen hinaus, und marschierte los, wütend entschlossen, nicht zu dulden. Wozu gibt es Gedichte, die einem den richtigen Weg zeigen?
Und siehe da, an diesem denkwürdigen Tag – es hatte zu regnen aufgehört – fragte Schwiegervater: »Sie erzählten doch, Sie ritten so gern? Wollen Sie mich heute mal zu Pferde begleiten?«
Ich stand stumm da, außer mir vor Seligkeit. Und mit dem Mut der Dummheit und der ewigen Sehnsucht, dorthin zu gelangen, wohin es mich seit Kindertagen zog, sagte ich todesmutig:
»Gern. Es ist allerdings einige Zeit her, daß ich das letztemal...«

»Macht nichts. Die Stute ist fromm, eine kleine Runde sollten wir drehen. Ich habe so Lust, zu reiten, und nach den Rüben wollte ich heute auch noch sehen. Dorthin fährt es sich nicht gut.«

Es ging alles nach Wunsch. Die Stute war nicht nur fromm, sie war die reinste Himmelsgabe, also einer Himmelsbraut wie mir sozusagen auf den Leib geschneidert. Sie trabte, wenn sie sollte, fiel in Schritt, wenn Schwiegervaters Pferd es tat, und galoppierte weich wie ein Schaukelpferd. »Verreite dein Leid!« Ich hab es damals wie später noch häufig erlebt, daß einen nichts so hinweghebt von allen Sorgen und Kümmernissen wie ein Ritt. *»Das lachende Wissen, daß Gott uns liebt, solang es auf Erden die Pferde gibt.«* Als ich absaß, klopfte ich zärtlich den Pferdehals und tat dann etwas, was ich früher nie gewagt hätte, aber BBs unbefangene Art hatte mich aufgelockert. Ich legte die Arme um Schwiegervaters Hals und schluchzte: »Danke!« Dabei schämte ich mich nicht einmal.

Er verstand mich. Freundlich strich er mir übers Haar und sagte: »Bitte. Gut, gut. Kein Herz kann so schwer sein, daß es nicht im Sattel leichter würde. Reiten wir morgen nochmal?«

Er hatte mir meinen Kummer wohl angemerkt. Ich brachte es fertig, die Tränen hinunterzuschlucken. Morgen noch mal reiten? O, unvorstellbare Seligkeit!

Ich war eine halbe Stunde eher in Nossen als nötig. BB wollte aus Richtung Chemnitz kommen. Nach Eintreffen ihres Zuges hatten wir genau zwei Minuten, um den letzten nach Dresden zu erwischen. Dieser fuhr auf einem etwas entfernten Gleis ab. Ich testete die Stecke. Wenn BBs Zug Verspätung hatte, blieben wir sitzen, aber es konnte klappen. Der Himmel würde mit den Himmelsbräuten sein. Ich hoffte es, gestärkt durch die Ritte, und konnte es kaum erwarten, BB als erstes zuzurufen: »Ich bin geritten, ich bin geritten, mit Schwiegervater, den Gott segnen möge!« Wenn nur der Zug pünktlich kam!

Er kam pünktlich. Ich rannte an ihm entlang, in alle Abteile spähend – sicherlich war sie sehr traurig, denn Heino schien ihren Erzählungen nach derjenige zu sein, von dem ihr der Abschied am schwersten fiel. Ich dagegen war so selig an diesem Tag.

Da war sie. Aber nicht allein. Ein junger Mann stieg mit ihr aus, trug ihren Koffer –

»Wir schaffen es, wenn wir rennen!« keuchte ich, »wie schön, daß Sie mitgekommen sind und ich Sie endlich persönlich kennenlerne! Ich hab schon soviel Gutes von Ihnen gehört...« Wir rannten, während ich das stammelte. Unser Zug nach Dresden stand noch da, dem Himmel sei Dank! BB drückte ihrem Begleiter die Hand und sah ihm tief in die Augen. Er nahm sie in die Arme und küßte sie.

Ich sah diskret weg. Der Kuß dauerte und dauerte. »Türen schließen! Vorsicht bei der Abfahrt des Zuges!« war bereits gerufen worden – ich stieß BB die Stufen hinauf. Der Zug fuhr bereits.

BB hing aus dem Fenster und winkte. Ich hielt sie fest, damit sie nicht überkippte. Dann sank sie auf die Bank, nicht weinend, wie ich erwartet hatte, sondern lachend.

»Aber tut es dir denn nicht leid?« stammelte ich.

Sie konnte vor Lachen kaum antworten. »Das war er doch gar nicht!« verstand ich endlich.

»Heino? Ich denke, du wolltest zu Heino?«

»Wollte ich auch, war auch bei ihm. Aber der würde mich nie begleiten, der nicht. Das war ein neuer.«

»Ein...«

»Na, halt ein Mitreisender. Der hat mich gleich getröstet, ab Chemnitz. Und weißt du, was der ist? Von Beruf? Das errätst du nie. Reisender in Attrappen. Er hat mir das zum Abschied geschenkt.«

Sie grub in ihrer Jackentasche und hielt mir die Hand hin. Darin lag eine Tomate aus Gummi. Kunststoff gab es damals noch nicht.

Es half nichts, einmal mußte ich wieder nach Leipzig fahren. BB fand, das sei ich Werner schuldig. »Ihr müßt euch aussprechen, auf alle Fälle«, mahnte sie ernsthaft. Sie konnte auch ernsthaft sein, wenn es nötig war. Hier war es nötig.

Ich sträubte mich.
»Es nützt ja doch nichts!«
»Es nützt, so oder so. Du fährst, und zwar allein, Ich muß mich sowieso noch von...«, von wem auch immer verabschieden. Ich heulte, und dann fuhr ich.
Mein Herz war schwer. Ich hing ja doch an Werner, selbst jetzt noch, da wir uns nicht mehr gut verstanden. Außerdem war ich so gern verlobt, Himmelsbraut, wie Bobbi sagte...
Das Wochenende wurde unerfreulich. Wir zankten uns und gingen am Samstag im Zorn auseinander. Am Sonntag erschien er bei meinen Eltern, sprach mir gut zu, war versöhnlich und liebevoll. Ich ließ mich streicheln und küssen und dachte an all das Schöne, das wir gemeinsam erlebt hatten, an seine ersten Briefe und an unser Boot, auf das wir so stolz waren, aber es half nichts. Kein Pferd fiel vom Himmel, auf dem ich mein Leid hätte verreiten können.
Aus Verzweiflung, und weil mir sonst nichts einfiel, schlug ich schließlich vor, Tischtennis zu spielen. Es war inzwischen Nachmittag geworden, in ein paar Stunden ging mein Zug. Wir spielten, er gewann. Ich gönnte es ihm. Er war immer sehr besorgt um seine Vorrang-Stellung als Mann. Sollte er sie haben, ich war nicht ehrgeizig.
Kurz darauf läutete es, ich machte auf – meine El-

tern saßen auf dem Balkon und konnten das Läuten nicht hören –; vor mir stand mein Vetter. Ich wurde sehr verlegen.

Die beiden – mein Vetter und Werner – waren einander noch nie begegnet. Ich stellte vor – nicht sehr geschickt. Vorstellen ist mir nie so recht gelungen. Sie musterten einander zurückhaltend. Weil ich nicht wußte, was tun, schlug ich vor, weiterzuspielen. So klopften wir also unseren Satz zu Ende, und dann traten die zwei gegeneinander an.

Mein Vetter war Linkshänder, aus Veranlagung und auch aus Gewohnheit. Er hatte den rechten Arm zweimal gebrochen und sich links behelfen müssen. Das wußte ich. Er war gefürchtet als Fechter und Tischtennisgegner. Mit Linkshändern zu spielen ist schwierig, wenn man es nicht gewöhnt ist. Er gewann ein Spiel nach dem anderen.

Werner ärgerte sich, ich merkte es, obwohl er sich ja hätte sagen können: Unglück im Spiel, Glück in der Liebe. Aber er war geltungssüchtig, gerade jetzt und heute. Ich gönnte ihm den Ärger, verbarg allerdings meinen Triumph, hielt jedoch heimlich meinem Vetter den Daumen. Das Spiel wurde immer schärfer, von beiden wild auf Gewinn gespielt. Mein Vetter behielt die Oberhand.

Später gesellten sich meine Eltern und mein Bruder zu uns. Wir hörten auf zu spielen, tranken miteinander Kaffee. Es wurde keine gemütliche Runde.

Werner ging. Ich war froh, als er fort war. In mir vibrierte es noch. Als mein Vetter sich auch anschickte zu gehen, brachte ich trotz deutlicher Hemmungen schließlich hervor:
»Ich muß heute noch nach Dresden zurück. Fährst du mich?«
Er war mit dem Motorrad hier. Ich fuhr gern mit ihm, hatten wir doch herrliche Fahrten miteinander unternommen, als ich noch nicht mit Werner verlobt war.
»Was würdest du jetzt sagen, wenn ich sie nach Dresden bringe?« fragte er mit hinterhältigem Lächeln meinen Bruder, der soeben hereinkam.
»Den Titel eines Dostojewskij-Romans«, antwortete er spöttisch. Mein Vetter sah ihn an.
»Idiot«, sagte er halblaut. »Hast recht.«
Wir begleiteten ihn hinunter, wo sein Motorrad stand. Ich strich heimlich über den Lenker, hatte ich mit diesem Rad doch meinen so heiß geliebten Führerschein gemacht...
Auch meine Mutter war heruntergekommen. Sie liebte meinen Vetter wie einen Sohn.
»Fahr vorsichtig, hörst du?« mahnte sie und nahm ihn um die Schulter. Er lächelte.
»Hast du immer noch Angst um mich, Tante?«
»Ich hab immer Angst um dich«, antwortete sie leise. Mehr nicht. Aber es lag alles drin. Er fuhr ab. Kaum war er um die Ecke verschwunden, tauchte

Werner an der anderen Ecke auf. Er brachte mich zur Bahn. Ich fand das nett, weil wir uns doch gezankt hatten und eigentlich unversöhnt auseinander gegangen waren. Aber sein Abschiedskuß schmeckte mir nicht. Ich winkte, als der Zug anfuhr, das war ich ihm und den Leuten im Abteil schuldig. Dann setzte ich mich hin und heulte bis Riesa. Im Bummelzug ist das eine lange Zeit. Grau wie der Himmel lag vor mir die Welt.

Zurück in Dresden hieß es, für die Prüfung zu lernen. Viel wurde nicht daraus. Unsere Stimmung lag unter dem Nullpunkt. Ich klopfte auf der Schreibmaschine einiges zusammen, woraus wir Spickzettel fertigen wollten, und BB hing lustlos über einer Zeitung, die sie der Mimi entwendet hatte. Über die Tagespolitik mußten wir auch Bescheid wissen, und die interessierte uns kein bißchen. Plötzlich hörte ich einen Schrei.

»Du ...!«

»Was hast du denn?« fragte ich ungnädig. Wenn ich mich schon einmal dazu aufgerafft hatte zu arbeiten, brauchte sie mich wenigstens nicht mit so dummem Gequietsche zu stören.

»Da! Du hast mir doch erzählt – dein Vetter war am Sonntag in Leipzig und ist mit dem Motorrad weggefahren, Richtung Chemnitz –«

»Na und?«

»Da ist einer verunglückt. Ein Studienrat – hat einen betrunkenen Radfahrer gestreift und ist gestürzt...«

»Zeig her!«

Mir flatterten die Hände. Ich konnte kaum die Buchstaben erkennen. »Studienrat Dr. R. aus Oe. – Oe, das ist Oelsnitz – da wohnt er!«

»Der Radfahrer schwer verletzt. Am Überleben des Motorradfahrers wird gezweifelt. Er wurde ins Zwenkauer Krankenhaus gebracht –«

»BB, ich muß hin! BB, wenn er – wenn er...«

Seine Eltern besaßen kein Telefon, meine auch nicht. Mein Vater, Chefredakteur am Mayerschen Lexikon, wollte zu Hause von Anrufen unbehelligt bleiben. Wir Kinder haben es oft verflucht, daß wir nicht telefonieren konnten. Wie oft hätten wir von Freunden aus angerufen: »Wir kommen später, sorgt euch nicht.« Nein, wir mußten zur richtigen Zeit daheim sein. Damals waren Kinder, auch wenn sie keine mehr waren, streng gedrillt. Wie also sollte ich erfahren...

BB nahm die Sache in die Hand, entschlossen, patent, energisch wie immer, wenn es ernst wurde. Sie rief im Zwenkauer Krankenhaus an und erreichte tatsächlich den Stationsarzt. Es stellte sich heraus, daß die Zeitung falsch berichtet hatte: der stark betrunkene Radfahrer war tot, übrigens nicht von meinem Vetter überfahren, sondern von einem entgegenkommenden Auto. Der Motorradfahrer, also mein Vetter, hatte einen Schulter- und einen Armbruch, wieder rechts, einen Schlüsselbeinbruch und eine Gehirnerschütterung erlitten. Außerdem verlor er durch den Sturz auf dem rechten Ohr das Gehör. Das jedoch stellte sich erst später heraus.

Aber: er lebte. Er lebte, Gott sei's gedankt! Ich heulte und lachte durcheinander.

»Ich muß hin! Ich muß zu ihm! Los, pack zusammen!«

Keine Frage, daß BB mitfuhr. Wir entschuldigten uns in der Kammer, BB log am Telefon etwas von einer Fleischvergiftung. Es muß sehr ernst geklungen haben, denn der Gesprächspartner bot an, zu uns zu kommen. Die Räcknitzhöhle lag ja nahe der Kammer.

»Daß sie niemanden reinlassen von der Landwirtschaftskammer«, informierte sie unsere Mimi, »wir müssen weg, lebenswichtige Sache.«

Noch am Abend waren wir in Leipzig. Und am nächsten Morgen betraten wir das Krankenhaus in Zwenkau.

Er sah schlimm aus, mir sank das Herz. Kopfverband, ein Auge lila umrandet und dick geschwollen, den Arm in der Schiene. Aber seine Augen schimmerten. Nie im Leben hab ich so blaue Augen gesehen wie bei ihm, doch, halt, die unserer Kinder sind ebenso blau, aber das sind ja die seinen.

»Du hast wohl mit Schmeling geboxt«, sagte BB. Sie griff den Ereignissen voraus und duzte ihn unbefangen. »Na, Gottlob, dem Dotengräber nochmal von der Schibbe gehubbt.«

Sie sprach in bemerkenswerten Momenten noch sächsischer als sonst, beugte sich über ihn und küßte ihn, und das nicht einmal flüchtig. Dann schob sie mich zu ihm hin und gab mir einen Ellbogenstoß. »Geh hin und tu desgleichen!«

Doch diesmal hätte es keine Aufforderung gebraucht. In den Kuß floß etwas Salziges. Ich habe selten in meinem Leben vor Glück geweint. Damals aber, und als ich unser erstes Kind vor mir liegen sah und er sich darüberbeugte, liefen mir die Augen über.

Dann saßen wir an seinem Bett und ließen uns alles nochmal ganz genau erzählen. Wäre er am Sonntag mit mir nach Dresden gefahren...

Ich sagte sowas. Er sah mich an.

»Ein Unglück kommt selten allein«, antwortete er. Mit dem zweiten meinte er unsere Ehe, und ich verstand es auch so. Das war unsere Verlobung.

»Er paßt auch besser zu Häse als Werner«, sagte BB befriedigt, als wir das Krankenhaus verließen. »Aber behalt vorläufig den Ring von ihm am Finger, man sieht ja nicht, von wem er ist. Und die Prüfungskommission denkt bestimmt: ›Na, die heiraten sowieso, da lassen wir sie durch.‹ Den Ring von

ihm«, sie deutete mit dem Daumen zum Krankenhaus zurück, »den kannste noch lange genug tragen.«
So kam es. Ich trage ihn heute noch.

Eigentlich nur ein Epilog

Und was blieb noch? Die Prüfung, das Halbjahr war zu Ende. Wir bestanden, weil die Kommission genau das dachte, was BB vorausgesagt hatte. Hinterher feierten wir.
Wo feierte man in Dresden? Diesmal nicht in der Räcknitzhöhle, sondern auf dem Hauptbahnhof. Dort sitzt man – oder saß man – entzückend gemütlich. Miebste, Fietje und Väterchen feierten mit. Und, nicht zu vergessen natürlich, *er*, mein Vetter. Er hatte sich frei genommen und stand am Tor der Kammer mit Rosen in der Hand, als wir, überwältigt von unserem Erfolg, nach der Prüfung herausgewankt kamen. Er küßte mich, und der Kuß schmeckte kein bißchen salzig, sondern süß, nicht zu beschreiben, wie süß. Ich gab seinen Mund an BB weiter. Sie fand das recht und billig, in ihrer traurigen Brautzeit...
»Das war die letzte Prüfung meines Lebens«, seufzte ich. Er aber lachte verschmitzt.
»Und der Führerschein 3 b?« (So hieß damals der

Fahrausweis für PKWs). »Willst du den nicht machen? Ich meine, wenn wir später einmal viele Kinder haben, die gehen doch nicht gut auf's Motorrad, auch nicht, wenn wir uns einen Beiwagen anschaffen.«

Ich gab ihm auf der Stelle recht.

Nun aber feierten wir erst mal. Jeder mit einer Tasse Kaffee, nehme ich an, das war das Billigste auf dem Hauptbahnhof. Freilich nicht so billig wie der bei ›Zunz' seliger Witwe‹, einem Lokal, das ganz Dresden kannte. Dort kostete eine Tasse dieses überaus köstlichen Trankes dreiunddreißig Pfennig, und man brauchte kein Trinkgeld zu geben. Nein, etwas teurer war es auf dem Hauptbahnhof sicherlich. Aber mein Vetter hatte uns großzügig eingeladen. Wir müssen einen ungeheuer seligen Eindruck gemacht haben. Glück läßt sich ja nicht verbergen, ebensowenig wie Liebe.

»Hast du je geglaubt, daß wir durchkommen? Wo die andern so ekelhaft gestrebt haben? Und alles, aber auch alles wußten?« fragte ich BB.

Sie schüttelte den Kopf. »Nein«, antwortete sie und setzte, ehrlich wie immer, wenn es nicht gerade die Liebe betraf, hinzu: »Und verdient haben wir es nicht. Aber ...«

In diesem Augenblick kam der Ober und brachte Gläser und eine Flasche Wein. Wir schauten verdutzt drein. Keiner von uns hatte sie bestellt.

»Da muß ein Irrtum vorliegen, entschuldigen Sie«, murmelte BB. Wovon sollten wir solch einen Luxus bezahlen, auch wenn wir alle zusammenlegten?
»Doch doch. Der Herr« – der Ober blickte diskret zum Nachbartisch hinüber – »hat sich erlaubt –, weil Sie doch sicherlich etwas sehr Schönes feiern.«
Es war ein reizender alter Herr, wir erkannten ihn jetzt, Hofrat Seyfert. Ganz Dresden kannte den Hofrat und war stolz auf ihn. Er hatte das Oskar-Seyfert-Museum gegründet und liebte es wie Faust sein Gretchen, wie Tristan seine Isolde und BB ihren Verlobungsring. Von diesem Dresdner Original erzählte man sich, daß er immer und überall, wenn er durch die Straßen spazierte, Leute anhielt und höflich nach dem Oskar-Seyfert-Museum fragte, um darauf aufmerksam zu machen. Ein Schupo soll ihm einmal geantwortet haben: »Ja, wenn Sie es nicht wissen, Herr Hofrat, wer denn dann wohl?«
Dieser liebenswerte alte Herr spendierte uns also eine Flasche Wein. BB organisierte sofort ein weiteres Glas und brachte es ihm. »Sie müssen unbedingt mitfeiern, Herr Hofrat, bitte bitte!«
»Paßt auf, jetzt küßt sie ihn!« stöhnte Fietje, der als Hamburger ein wenig gehemmt in freien Umgangsformen war. Väterchen grunzte, und ich verbarg mein Gesicht an der Schulter meines Vetters, vor Lachen Tränen weinend. Ich habe später oft

dort gelacht und geweint und fand immer Verständnis und Trost an dieser Stelle.
Kurze Zeit später bekamen wir beide den Abschied von der Kammer. BB reiste nach China und heiratete ihren Häse. Nach einer Hochzeitsreise um den halben Erdball kehrten sie nach Deutschland zurück und übernahmen Schwiegervaters Gut in Pommern. Dort besuchten wir sie im ersten Jahr unserer Ehe, mein Vetter – Pardon – mein Mann und ich. Unsere Ehen wurden beide sehr glücklich und sehr kinderreich. Aber leider auch sehr kurz. Der Krieg nahm uns unsere geliebten Männer. Sie leben in unseren Kindern fort.
Eigentlich wollten wir unseren Lebensabend gemeinsam verbringen, BB und ich. Aber wir finden bisher immer noch, es sei erst Nachmittag. Dafür machen wir alle unsere Reisen gemeinsam und besuchen dabei Leute, die wir gern haben und von früher kennen, oder solche, die uns interessieren und die wir gern kennenlernen wollen. BBs Art, uns anzumelden, ist sehr wirkungsvoll.
»Wir kommen am Montag!« Fertig. Sie spart gern Telefonkosten. Sollte wirklich einmal jemand schüchtern einwenden, er habe an diesem Tag keine Zeit, so endet sie kurz: »Dann also am Abend.« Ende. Trotzdem wird es immer sehr lustig.
Manche besuchen wir auch ohne Vorwarnung, wenn sie am Wege liegen. So eines Tages Väterchen

samt Frau am Starnberger See. Sie befinden sich, kinderlos, in sehr geordneten Verhältnissen und waren etwas überwältigt, als wir ankamen. Trotzdem stammelten sie beim Abschied, wie sich das gehört:
»Kommt doch mal wieder. Aber ruft lieber vorher an. Und wie wär's, wenn ihr eure Kinder mal mitbrächtet? Wir würden sie gern kennenlernen.«
Worauf wir eine Dankeskarte schrieben, in Versen. Sie endete:

Es war so schön! Nichts soll uns hindern,
auf Wiedersehn mit vierzehn Kindern!«

Wir haben es nicht wahrgemacht.

Unvergessen aber bleibt uns jener Sommer in den dreißiger Jahren in Dresden.
Wir haben in diesem Halbjahr Tagebuch geführt, BB und ich. BB hatte das Buch gespendet. Jeden Samstag im Pflanzenschutz schrieben wir auf, was wir in der Woche erlebt hatten. Da dieses Buch nur einmal existierte, jede aber darauf Anspruch erhob, mußten wir eine Lösung finden, die beide befriedigte. Miebste kam auf die Idee, das Ganze nochmal abzutippen. Sie tat es mit zwei Durchschlägen, so daß auch sie ein Exemplar bekam. Die beiden andern schenkte sie uns zur Hochzeit. BB hatte eine markige, man kann auch sagen schandbare Handschrift,

und meine war auch schwer zu entziffern. Miebste aber führte durch, was sie sich vorgenommen hatte, und wir waren über ihre Geschenke sehr gerührt. Dieses Tagebuch ist – wie vieles Kostbare – durch die große Völkerwanderung, die auch uns vom Osten nach dem Westen spülte, verlorengegangen. Ich bedauerte es nie so sehr wie jetzt, da ich versuche, dies alles zu rekonstruieren. Wie viele Glanzlichter mögen erloschen sein, denn mein Gedächtnis ist nicht mehr so taufrisch wie in jenem Dresdner Halbjahr. Das Buch hieß:

Die Himmelsbräute
Tagebuch zweier Verlorener
Untertitel (frei nach Tucholsky):
Schade um den vertanen Sommer

Vertan? Im Gegenteil. Es war der schönste Sommer unserer Lehr- und Wanderjahre, als wir in der Räcknitzhöhle wohnten, nie Geld und immerzu Besuch hatten, auf der Elbe schaukelten und mit niemandem auf der Welt getauscht hätten – wir, die höchst irdischen Himmelsbräute, denen der Himmel voller Geigen hing.

Inhalt